UM ENCONTRO

Obras de Milan Kundera publicadas pela Companhia das Letras

A arte do romance
A brincadeira
A cortina
A identidade
A ignorância
A insustentável leveza do ser
A lentidão
O livro do riso e do esquecimento
Risíveis amores
A valsa dos adeuses

MILAN KUNDERA

UM ENCONTRO

Tradução:
TERESA BULHÕES CARVALHO DA FONSECA

Companhia Das Letras

Copyright © 2009 by Milan Kundera
Todos os direitos reservados. Todas as adaptações da obra para cinema,
teatro, televisão e rádio são estritamente proibidas.

*Grafia atualizada segundo o Acordo Ortográfico da Língua Portuguesa
de 1990, que entrou em vigor no Brasil em 2009.*

Título original:
Une rencontre

Capa:
João Baptista da Costa Aguiar

Imagem da capa:
Sem título, *Elisa Bracher, conjunto de três gravuras em metal, 2003.*
Reprodução de Eduardo Ortega.

Preparação:
Silvana Afram

Revisão:
Carmen T. S. Costa
Marise Leal

Dados Internacionais de Catalogação na Publicação (CIP)
(Câmara Brasileira do Livro, SP, Brasil)

Kundera, Milan
    Um encontro / Milan Kundera ; tradução Teresa
Bulhões Carvalho da Fonseca. — 1ª ed. — São Paulo :
Companhia das Letras, 2013.

    Título original: Une rencontre.
    ISBN 978-85-359-2229-5

    1. Crítica literária 2. Ensaios 3. Literatura moderna -
Século 20 - História e crítica 4. Música - História e crítica
5. Pintura - Apreciação I. Título.

13-00929   CDD-809

Índice para catálogo sistemático:
1. Literatura : História e crítica 809

[2013]
Todos os direitos desta edição reservados à
EDITORA SCHWARCZ S.A.
Rua Bandeira Paulista, 702, cj. 32
04532-002 — São Paulo — SP
Telefone (11) 3707-3500
Fax (11) 3707-3501
www.companhiadasletras.com.br
www.blogdacompanhia.com.br

... encontro de minhas reflexões e de minhas lembranças; de meus velhos temas (existenciais e estéticos) e de meus velhos amores (Rabelais, Janáček, Fellini, Malaparte...)...

SUMÁRIO

i. O gesto brutal do pintor: sobre Francis Bacon, 9

ii. Romances, indagações existenciais, 23
  A cômica ausência do cômico (Dostoiévski: *O idiota*), 25
  A morte e a pompa (Louis-Ferdinand Céline: *De castelo em castelo*), 28
  O amor na história que se acelera (Philip Roth: *O professor do desejo*), 31
  O segredo das idades da vida (Gudbergur Bergsson: *O cisne*), 34
  O idílio, filho do horror (Marek Bieńczyk: *Tworki*), 38
  O colapso das lembranças (Juan Goytisolo: *Telón de boca*), 40
  O romance e a procriação (Gabriel García Márquez: *Cem anos de solidão*), 43

iii. As listas negras ou divertimento em homenagem a Anatole France, 47

iv. O sonho da herança integral, 65
  Diálogo sobre Rabelais e os misomusos, 67
  O sonho de herança integral em Beethoven, 72

O arquirromance, carta aberta pelo aniversário de Carlos Fuentes, 75

A recusa integral da herança ou Iannis Xenakis (texto publicado em 1980 com dois interlúdios de 2008), 79

v. Belo como um encontro múltiplo, 85

vi. Em outro lugar, 103

O exílio libertador segundo Věra Linhartová, 105

A intocável solidão de um estrangeiro, 108

A inimizade e a amizade, 112

Fiel a Rabelais e aos surrealistas que revolvem os sonhos, 116

Sobre as duas grandes Primaveras e os Škvorecký, 118

Por baixo tu sentirás as rosas, 123

vii. Meu primeiro amor, 125

A grande corrida de um homem de uma perna só, 127

A mais nostálgica das óperas, 132

viii. O esquecimento de Schönberg, 141

Não é minha festa (texto publicado em 1995 no *Frankfurter Rundschau*, com outros textos que celebravam o centésimo aniversário do nascimento do cinema), 143

O que restará de você, Bertolt?, 146

O esquecimento de Schönberg, 149

ix. *A pele*: um arquirromance, 153

I
O GESTO BRUTAL DO PINTOR:
SOBRE FRANCIS BACON

1

Um dia Michel Archimbaud, que planejava editar um livro dos retratos e autorretratos de Francis Bacon, me convida para escrever um ensaio inspirado nesses quadros. Ele me assegura que esse era o desejo do próprio pintor. Relembra meu pequeno texto publicado anteriormente na revista *L'Arc*, que Bacon considerava um dos raros em que ele se reconhecia. Não negarei minha emoção diante dessa mensagem vinda, muitos anos depois, de um artista que jamais havia encontrado e que tanto admirava.

Esse texto de *L'Arc* (que, mais tarde, inspirou uma parte de meu *Livro do riso e do esquecimento*), consagrado ao tríptico dos retratos de Henrietta Moraes, eu escrevi nos primeiros anos de minha emigração, em torno de 1977, ainda obcecado pelas lembranças do país que acabara de deixar e que continuava na minha memória como uma terra de interrogatórios e de vigilância. Hoje, só consigo começar minha nova reflexão sobre a arte de Bacon com este mesmo velho texto.

2

"Foi em 1972. Fui encontrar uma moça nos arredores de Praga, num apartamento que tinham nos emprestado. Dois dias antes, durante um dia inteiro, ela tinha sido interrogada pela polícia a meu respeito. Agora queria me encontrar às escondidas (temia estar sendo permanentemente seguida) para me dizer quais as perguntas que lhe haviam feito e como ela havia respondido. Era preciso que, num eventual interrogatório, minhas respostas fossem idênticas às suas.

"Era uma moça bem jovem que ainda não conhecia o mundo. O interrogatório a perturbara e o medo se revolvia em suas entranhas havia três dias. Estava muito pálida e saía sem parar, durante nossa conversa, para ir ao banheiro — tanto que todo nosso encontro foi acompanhado pelo barulho da água que enchia o reservatório.

"Eu a conhecia havia muito tempo. Ela era inteligente, espirituosa, sabia perfeitamente controlar suas emoções e estava sempre vestida de modo tão impecável que sua roupa, tanto quanto seu comportamento, não permitia entrever a menor parcela de sua nudez. E eis que, de repente, o medo, como uma grande faca, a tinha aberto. Ela se encontrava diante de mim, exposta, como uma carcaça de vitela suspensa num gancho de açougue.

"O barulho da água enchendo o reservatório do vaso sanitário praticamente não parava e, quanto a mim, tive de repente vontade de violentá-la. Sei o que digo: violentá-la, não de fazer amor com ela. Não queria sua ternura. Queria colocar brutalmente a mão em seu rosto e, num só instante, apanhá-lo por inteiro, com todas as suas contradições tão intoleravelmente excitantes: com sua roupa impecável tanto quanto suas vísceras revoltas, com sua razão tanto quanto seu medo, com seu orgulho tanto quanto sua infelicidade. Tinha a impressão de que todas essas contradições escondiam sua essência: esse tesouro, essa pepita de ouro, esse diamante oculto nas profundezas. Queria arrancar dela, num só segundo, tanto sua merda quanto sua alma inefável.

"Mas quanto mais eu via esses dois olhos que me fixavam, cheios de angústia (dois olhos angustiados num rosto sereno), e quanto mais angustiados estavam esses olhos, mais meu desejo se tornava absurdo, estúpido, escandaloso, incompreensível e impossível de realizar.

"Deslocado e injustificado, esse desejo não era, no entanto, menos real. Eu não saberia negá-lo — e quando olho os retratos trípticos de Francis Bacon, é como se me lembrasse disso. O olhar do pintor se coloca sobre o rosto como uma mão brutal, procurando se apossar de sua essência, desse diamante escondido nas profundezas. É claro que não temos certeza de que as profundezas contenham realmente alguma coisa — mas, de qualquer modo, em cada um de nós existe esse gesto brutal, esse movimento da mão que esfrega o rosto do outro, na esperança de encontrar, nele e atrás dele, alguma coisa que ali está escondida."

3

Os melhores comentários sobre a obra de Bacon foram feitos pelo próprio Bacon em duas entrevistas: com Sylvester em 1976 e com Archimbaud em 1992. Nos dois casos, ele fala com admiração de Picasso, especialmente de seu período entre 1926 e 1932, o único do qual se sente realmente próximo; é ali que ele vê aberto um domínio que "não foi explorado: uma *forma orgânica* que se reporta à *imagem humana*, mas que é uma *completa distorção*" (sou eu que assinalo).

Abstraindo-se deste curto período, pode-se dizer que tudo mais em Picasso é o *gesto leve* do pintor que transformava os motivos do corpo humano em forma *bidimensional* e livre para não se assemelhar. Em Bacon, a euforia lúdica picassiana é substituída pelo espanto (ou pelo medo) diante do que somos, daquilo que somos materialmente, fisicamente. Movida por esse medo, a mão do pintor (para retomar as palavras de meu velho texto) se coloca com um "gesto brutal" sobre um corpo, sobre um rosto, "na esperança de encontrar, nele e atrás dele, alguma coisa que ali está escondida".

Mas o que se esconde ali? Seu "eu"? Claro, todos os retratos que jamais foram pintados querem revelar o "eu" do modelo. Mas Bacon vive na época em que o "eu" começa, em todos os lugares, a se ocultar. Na verdade, nossa experiência mais banal nos ensina (sobretudo se a vida atrás de nós se prolonga demais) que os rostos são lamentavelmente semelhantes (a avalanche demográfica insensata aumentando ainda mais essa sensação), que se deixam confundir, que só diferem um do outro por alguns detalhes insignificantes, quase imperceptíveis, que, matematicamente, representam apenas, na disposição das proporções, alguns milímetros de diferença. Acrescentemos a isso nossa experiência histórica, que nos fez compreender que os homens se comportam um imitando o outro, que suas atitudes são estatisticamente calculáveis, suas opiniões manipuláveis, e que, portanto, o homem é menos um indivíduo (um sujeito) do que um elemento de uma massa.

É nessa época de dúvidas que a mão violadora do pintor se coloca com um "gesto brutal" sobre o rosto dos seus modelos, para encontrar, em algum lugar nas profundezas, seu "eu" escondido. Nessa busca baconiana, as formas submetidas a "uma completa distorção" nunca perdem seu caráter de organismos vivos, lembram sua existência corporal, sua carne, conservam sempre sua aparência *tridimensional*. E, além disso, elas se parecem com seu modelo! Mas como o retrato pode parecer-se com o modelo do qual ele é conscientemente uma distorção? No entanto, as fotos das pessoas retratadas provam isso: elas se parecem com o modelo; olhem os trípticos — três variações justapostas do retrato da mesma pessoa; essas variações diferem uma da outra, tendo ao mesmo tempo alguma coisa que lhes é comum: "esse tesouro, essa pepita de ouro, esse diamante escondido", o "eu" de um rosto.

4

Poderia dizer de outra forma: os retratos de Bacon são a interrogação dos *limites* do "eu". Até que grau de distorção um indivíduo continua sendo ele mesmo? Até que grau de distorção um ser amado continua um ser amado? Durante quanto tempo um rosto querido que se distancie na doença, na loucura, na raiva, na morte, continua reconhecível? Onde está a fronteira atrás da qual um "eu" deixa de ser um "eu"?

5

Há muito tempo, na minha galeria imaginária de arte moderna, Bacon e Beckett faziam um par. Depois, li a entrevista com Archimbaud: "Sempre fiquei impressionado com a proximidade entre Beckett e mim", disse Bacon. Depois, mais adiante: "[...] sempre achei que Shakespeare havia expressado bem melhor e de uma maneira mais exata e mais poderosa o que Beckett e Joyce tinham tentado dizer [...]". E ainda: "Eu me pergunto se as ideias de Beckett sobre sua arte não acabaram matando sua criação. Há alguma coisa ao mesmo tempo sistemática demais e inteligente demais nele, e talvez seja isso que sempre me incomodou". E finalmente: "Na pintura, deixamos sempre hábitos demais, nunca eliminamos o bastante, mas em Beckett tive muitas vezes a impressão de que, por querer eliminar, nada havia ficado e que esse nada definitivo parecia vazio [...]".

Quando um artista fala de outro, fala sempre (por projeção) de si mesmo e é este todo o interesse do seu julgamento. Ao falar de Beckett, o que é que Bacon nos diz sobre si mesmo?

Que não quer ser classificado. Que quer proteger sua obra dos clichês.

Mais: que resiste aos dogmáticos do modernismo que

levantaram uma barreira entre a tradição e a arte moderna, como se esta representasse, na história da arte, um período isolado com seus próprios valores incomparáveis, com seus critérios inteiramente autônomos. Ora, Bacon se proclama pertencente à história da arte na sua totalidade; o século xx não nos dispensa de nossas dívidas com Shakespeare.

E ainda: ele evita expressar de maneira muito sistemática suas ideias sobre a arte, temendo transformar sua arte numa espécie de mensagem simplista. Ele sabe que o perigo é ainda maior porque a arte de nossa metade do século está poluída por uma verborragia teórica barulhenta e opaca que a impede de entrar em contato direto, não midiatizado, não pré-interpretado, com aquele que a olha (que a lê, que a escuta).

Sempre que pode, Bacon apaga, portanto, as pistas para desarmar os experts que querem reduzir o sentido de sua obra a um pessimismo estereotipado: ele rejeita a ideia de associar sua arte à palavra "horror"; sublinha o papel que o acaso desempenha em sua pintura (acaso que acontece durante seu trabalho; uma mancha de cor fortuitamente colocada que muda de repente o próprio tema do quadro); ele insiste na palavra "jogo" quando todo mundo exalta a gravidade de suas pinturas. Queremos falar de seu desespero? Que seja, mas, logo ele explica, no seu caso trata-se de um "alegre desespero".

6

Em sua reflexão sobre Beckett, Bacon diz: "Na pintura, deixamos sempre hábitos demais, nunca eliminamos o bastante [...]". Hábitos demais: isso quer dizer — tudo que não é uma descoberta do pintor, sua contribuição inédita, sua originalidade; tudo que é herança, rotina, preenchimento, elaboração usada por necessidade técnica. É o que são, por exemplo, na forma sonata (mesmo nos maiores, em Mozart, em Beethoven), todas as transições (frequentemente muito convencionais) de um tema para o outro. Quase todos os grandes artistas modernos têm a intenção de suprimir esses "preenchimentos", de suprimir tudo aquilo que provém dos hábitos, tudo o que os impede de abordar, direta e exclusivamente, o essencial (o essencial: aquilo que o próprio artista, só ele, pode dizer).

Sobre Bacon: os fundos de suas pinturas são arquissimples, chapados; *mas*: no primeiro plano, os corpos são tratados com a riqueza mais densa possível de cores e formas. Ora, é essa riqueza (shakespeariana) que conta para ele. Pois, sem essa riqueza (riqueza contrastante com o fundo monocromático), a beleza seria ascética, como se estivesse de regime, como que diminuída, e trata-se, para Bacon, sempre e sobretudo, da beleza, da explosão da beleza, porque, mesmo se essa palavra, hoje, parece gasta, démodé, é ela que o une a Shakespeare.

E é por isso que a palavra "horror", que se aplica obstinadamente à sua pintura, o irrita. Tolstói dizia sobre Leonid Andreiev e seus romances *noirs*: "ele quer me assustar, mas não tenho medo". Existem hoje muitas pinturas que querem nos assustar, mas nos entediam. O temor não é uma sensação estética e o horror que encontramos nos romances de Tolstói nunca está ali para nos assustar; a cena emocionante na qual operam sem anestesia André Bolkonski, mortalmente ferido, não é desprovida de beleza; como nunca é desprovida de beleza uma cena de Shakespeare; como jamais é desprovido de beleza um quadro de Bacon.

Os açougues são horríveis, mas quando Bacon fala deles não esquece de ressaltar que "para um pintor, existe ali aquela grande beleza da cor da carne".

7

O que faz com que, apesar de todas as reservas de Bacon, eu não consiga deixar de vê-lo próximo de Beckett?

Os dois se encontram mais ou menos no mesmo lugar da história de suas respectivas artes. A saber, bem no último período da arte dramática, bem no último período da história da pintura. Pois Bacon é um dos últimos pintores cuja linguagem ainda é o óleo e o pincel. E Beckett ainda escreve um teatro cuja base é o texto do autor. Depois dele, o teatro ainda existe, é verdade, talvez até evolua, mas não são mais os textos de autores dramáticos que inspiram, que inovam, que garantem essa evolução.

Na história da arte moderna, Bacon e Beckett não são aqueles que abrem o caminho; eles o fecham. Bacon diz a Archimbaud, que lhe pergunta quais são os pintores contemporâneos importantes para ele: "Depois de Picasso, não sei muita coisa. Atualmente há uma exposição de pop art na Royal Academy [...] quando vemos todos aqueles quadros reunidos, não vemos nada. Acho que não existe nada ali, é vazio, completamente vazio". E Warhol? "[...] para mim ele não é importante." E a arte abstrata? Ah não, ele não gosta da arte abstrata.

"Depois de Picasso, não sei muita coisa." Ele fala como um órfão. E ele o é. Ele o é mesmo no sentido concreto de sua vida: aqueles que abriam o caminho foram cercados por companheiros, por críticos, por adoradores, por simpatizantes, por companheiros de estrada, por todo um grupo. Quanto a ele, está só. Como está Beckett. Na conversa com Sylvester: "Acho que seria mais estimulante ser um entre muitos artistas trabalhando juntos [...]. Acho que seria extremamente agradável ter alguém com quem conversar. Hoje não há absolutamente ninguém com quem conversar".

Pois o modernismo deles, aquele que fecha a porta, não corresponde mais à modernidade que os cerca: a *modernidade das modas* lançadas pelo marketing da arte. (Sylvester: "Se os quadros abstratos nada mais são do que arranjos de formas, como você explica que existam pessoas que, como eu, tenham às vezes diante deles a mesma espécie de reação visceral que têm diante de obras figurativas?". Bacon:

"A moda".) Ser moderno na época em que o grande modernismo está fechando a porta é inteiramente diferente de ser moderno na época de Picasso. Bacon está isolado ("não há absolutamente ninguém com quem conversar"); isolado tanto do passado quanto do futuro.

8

Beckett, assim como Bacon, não tinha ilusões sobre o futuro do mundo nem sobre o futuro da arte. E neste momento do fim das ilusões encontramos em ambos a mesma reação, imensamente interessante e significativa: as guerras, as revoluções e seus fracassos, os massacres, a impostura democrática, todos esses temas estão ausentes de suas obras. Em sua peça *Rinocerontes*, Ionesco ainda se interessa pelas grandes questões políticas. Não há nada disso em Beckett. Picasso ainda pinta *Massacre na Coreia*. Tema impensável em Bacon. Quando vivemos o fim de uma civilização (tal como vivem, ou pensam viver, Beckett e Bacon), a última confrontação brutal não tem relação com uma sociedade, com um Estado, com uma política, mas com a materialidade fisiológica do homem. É por isso mesmo que até o grande tema da *Crucificação* que, antigamente, concentrava em si toda a ética, toda a religião, isto é, toda a história do Ocidente, se transforma em Bacon num simples escândalo fisiológico. "Sempre fiquei tocado pelas imagens relativas aos abatedouros e à carne, e para mim elas estão ligadas estreitamente a tudo que é a crucificação. Existem fotografias extraordinárias de animais que foram tiradas bem no momento em que estavam sendo levados para o abate. E o cheiro da morte..."

Aproximar Jesus pregado na cruz dos abatedouros e do medo dos animais poderia parecer sacrilégio. Mas Bacon é um não-crente, e a noção de sacrilégio não existe em seu modo de pensar; segundo ele, "o homem compreende agora que ele é um acidente, que ele é um ser desprovido de sentido, que é preciso que ele jogue o jogo até o fim". Jesus, visto por esse ângulo, é esse acidente que, sem razão, jogou o jogo até o fim. A cruz: o fim do jogo que jogamos sem razão até o fim.

Não, nada de sacrilégio; talvez um olhar lúcido, triste, pensativo e que tenta penetrar no essencial. E o que se revela de essencial quando todos os sonhos sociais se evaporaram e o homem vê "as possibilidades religiosas [...] se anularem completamente para ele"? O corpo. O único *ecce homo*, evidente, patético e concreto. Pois, "é certo, nós somos carne, nós somos carcaças em potencial. Se vou a um açougue, acho sempre surpreendente que eu não esteja lá, no lugar do animal".

Não é nem pessimismo nem desespero, é uma simples evidência, mas uma evidência que, habitualmente, está velada, por pertencermos a uma coletividade que nos cega com seus sonhos, suas excitações, seus projetos, suas ilusões, suas lutas, suas causas, suas religiões, suas ideologias, suas paixões. E depois, um dia, cai o véu e nos deixa a sós com o corpo, à mercê do corpo, como estava a jovem de Praga que, depois do choque de um interrogatório, afastava-se a cada três minutos para ir ao WC. Ela estava reduzida a seu medo, à raiva de suas entranhas e ao barulho da água que ela ouvia cair num reservatório como eu a escuto caindo quando olho o *Personagem perto de uma privada* de 1976 ou o *Tríptico* de 1973, de Bacon. Para essa moça de Praga, não era mais a polícia que ela devia enfrentar, mas seu próprio ventre, e se alguém presenciou, invisível, essa pequena cena de horror, não foi um policial, um oficial da repressão, um torturador, mas um Deus, ou um anti-Deus, o Deus cruel dos gnósticos, um Demiurgo, um Criador, aquele que nos aprisionou para sempre neste *"acidente"* do corpo que ele fabricou em seu ateliê do qual, por algum tempo, somos obrigados a nos tornar a alma.

Muitas vezes Bacon espionava esse ateliê do Criador;

constatamos isso, por exemplo, nos quadros intitulados *Estudos do corpo humano*, nos quais ele tira a máscara do corpo humano como simples "acidente", acidente que poderia facilmente ter sido moldado de outra maneira, por exemplo, não sei, com três mãos ou com os olhos postos sobre os joelhos. Esses são os únicos quadros que me enchem de horror. Mas será que "horror" é a palavra certa? Não. Para a sensação que esses quadros suscitam não existe palavra certa. O que eles suscitam não é o horror que conhecemos, como o horror que temos das loucuras da história, da tortura, da perseguição, da guerra, dos massacres, do sofrimento. Não. Em Bacon, é um horror totalmente diferente: ele provém do *caráter acidental*, subitamente revelado pelo pintor, do corpo humano.

9

O que nos resta quando chegamos até aqui?

O rosto;

o rosto que esconde "esse tesouro, essa pepita de ouro, esse diamante escondido" é o "eu" infinitamente frágil, tremendo em um corpo;

o rosto no qual fixo meu olhar a fim de encontrar nele uma razão para viver este "acidente destituído de sentido" que é a vida.

II
ROMANCES,
INDAGAÇÕES EXISTENCIAIS

A CÔMICA AUSÊNCIA DO CÔMICO
(Dostoiévski: *O idiota*)

O dicionário define o riso como uma reação "provocada por alguma coisa engraçada ou cômica". Mas será que isso é verdade? De *O idiota* de Dostoiévski poderíamos tirar toda uma antologia de risos. Estranhamente, os personagens que riem mais não são os que possuem maior senso de humor, pelo contrário: são aqueles que não possuem senso de humor algum. Um grupo de jovens sai de uma casa de campo para passear; entre eles, três moças que "riam com tanta alegria da brincadeira de Ievguiéni Pávlovitch que este acaba desconfiando que talvez elas já nem estivessem escutando o que ele dizia". Essa desconfiança "fez com que ele tivesse um súbito acesso de riso". Excelente observação: primeiro, um riso coletivo das moças que, rindo, esquecem a razão de seu riso e continuam a rir sem razão; depois o riso (este muito raro, muito precioso) de Ievguiéni Pávlovitch, que se dá conta de que o riso das moças é desprovido de toda razão cômica e, diante dessa *cômica ausência do cômico*, cai na risada.

É durante um passeio no mesmo parque que Aglaia mostra um banco verde a Míchkin e lhe diz que é ali que ela vem sempre se sentar por volta de sete horas da manhã, quando todos ainda dormem. De noite, celebra-se o aniversário de Míchkin; a reunião, dramática e cansativa, termina tarde da noite; em vez de ir dormir, Míchkin, superexcitado, sai de casa para flanar no parque; lá, revê o banco verde que Aglaia lhe indicara; ao sentar nele, cai numa "gargalhada brusca e barulhenta"; manifestamente, esse riso não é provocado "por alguma coisa engraçada ou cômica"; aliás, a frase seguinte confirma isso: "sua angústia não o largava". Ele permanece sentado e adormece. Depois, um riso "límpido e fresco" o acorda. "Aglaia estava diante dele e dava gargalhadas. [...] Ela ria e se indignava ao mesmo tempo." Esse riso tampouco é "provocado por alguma coisa engraçada ou cômica"; Aglaia se ofende porque Míchkin teve o mau gosto de adormecer enquanto a esperava; ela ri para acordá-lo; para dizer-lhe que ele é ridículo; para admoestá-lo com um *riso severo*.

Outro riso sem razão cômica me vem ao espírito; estudante na Faculdade de Cinema de Praga, vejo-me cercado de outros estudantes que se divertem e riem; entre eles está Aloïs D., um jovem entusiasta da poesia, gentil, um pouco narcisista demais e curiosamente afetado. Ele abre bem a boca, emite um som muito forte e faz grandes gestos: ou seja, ele ri. Mas não ri como os outros; seu riso tem o efeito de uma cópia entre originais. Se não esqueci esta pequena lembrança é porque tive então uma experiência inteiramente nova para mim: vi rindo alguém que não tinha o menor senso do cômico e só ria para não ser diferente dos outros, como um espião que veste o uniforme de um Exército estrangeiro a fim de não ser reconhecido.

Talvez seja graças a Aloïs D. que uma passagem dos *Cantos de Maldoror* tenha me impressionado, na mesma época: espantado, Maldoror constata um dia que as pessoas riem. Não compreendendo o sentido dessa careta bizarra e querendo ser como os outros, ele pega um canivete e faz um corte no canto dos lábios.

Estou diante da tela da televisão; o programa que vejo é muito barulhento, há animadores, atores, vedetes, escritores, cantores, manequins, deputados, ministros, mulheres de ministros e todos reagem a qualquer pretexto abrindo bem a boca, emitindo sons muito fortes, fazendo gestos exagerados; em outras palavras, eles riem. E eu imagino Ievguiéni Pávlovitch desembarcando de repente entre eles e vendo esse riso desprovido de qualquer razão cômica; primeiro, ele fica espantado, depois seu espanto se acalma, pouco a pouco, e enfim essa *cômica ausência do cômico* "faz com que ele tenha um súbito acesso de riso". Nesse momento, aqueles que gargalhavam, e que alguns momentos antes o olhavam com desconfiança, se desarmam e o acolhem de forma ruidosa em seu mundo do riso sem humor, onde somos condenados a viver.

A MORTE E A POMPA
(Louis-Ferdinand Céline: *De castelo em castelo*)

No romance *De castelo em castelo*, a história de uma cadela; ela vem das terras glaciais da Dinamarca, onde estava habituada a longas escapadas pelas florestas. Quando chega à França com Céline, acabam-se as escapadas. Depois, um dia, o câncer.

[...] tentei deitá-la em cima da palha... logo após o amanhecer... não queria que eu a deitasse... não quis... queria ficar em outro lugar... no lado mais frio da casa e em cima das pedras... deitou-se calmamente... começaram os roncos... era o fim... haviam me dito, eu não acreditava... mas era verdade, estava deitada no sentido da recordação, de onde viera, do Norte, da Dinamarca, o focinho ao norte, virado para o norte... cadela a seu modo tão fiel, fiel aos bosques de suas escapadas, Korsör, lá no alto... fiel também à vida atroz... os bosques de Meudon não lhe diziam nada... morreu após dois... três pequenos estertores... ah, discretíssimos... sem um só lamento... por assim dizer... numa pose de fato muito bonita, como em pleno ímpeto, em fuga... mas de lado, prostrada, acabada... o focinho para as suas florestas das fugas, lá longe de onde vinha, onde sofrera... só Deus sabe!

Ah, vi muitas agonias... aqui... ali... por todo lado... mas nem de longe tão belas, discretas... fiéis... o que estraga a agonia dos homens é a pompa... o homem afinal está sempre no palco... até o mais simples [...].*

"O que estraga a agonia dos homens é a pompa." Que frase! E: "o homem afinal está sempre no palco"... Quem não se lembra da comédia macabra das célebres "últimas palavras" pronunciadas no leito de morte? É assim: mesmo agonizando, o homem está sempre no palco. E mesmo "o mais simples", o menos exibicionista, pois não é sempre verdade que o próprio homem se coloca em cena. Se ele mesmo não se coloca, nós o colocamos. É seu destino de homem.

E a "pompa"! A morte sempre vivida como alguma coisa de heroico, como o final de uma peça, como a conclusão de um combate. Leio num jornal: numa cidade, soltam-se milhões de balões vermelhos em homenagem aos doentes e aos mortos de aids! Paro neste "em homenagem". Em memória, como lembrança, em sinal de tristeza e de compaixão, sim, eu compreenderia. Mas em homenagem? Existe alguma coisa para celebrar, para admirar numa doença? A doença é um mérito? Mas é assim, e Céline sabia disto: "o que estraga a agonia dos homens é a pompa".

Muitos dos grandes escritores da geração de Céline conheceram como ele a experiência da morte, da guerra, do terror, dos suplícios, do exílio. Mas viveram essas terríveis experiências do outro lado da fronteira: do lado dos justos, dos futuros vitoriosos ou das vítimas aureoladas por terem suportado uma injustiça, em resumo, do lado da glória. A pompa, essa autossatisfação que quer se exibir, estava tão naturalmente presente em todo o seu comportamento que eles não podiam vê-lo ou julgá-lo. Mas Céline ficou durante vinte anos entre os condenados e os desprezados, no lixo

---

* Louis-Ferdinand Céline, *De castelo em castelo*. Tradução de Rosa Freire d'Aguiar. São Paulo: Companhia das Letras, 2004. (N. E.)

da história, culpado entre culpados. Todos em volta dele foram reduzidos ao silêncio; ele foi o único a dar uma voz a esta experiência excepcional: *a experiência de uma vida cuja pompa foi inteiramente confiscada.*

Essa experiência permitiu que ele visse a vaidade não como um vício, mas como uma qualidade consubstancial ao homem, que não o deixa nunca, nem mesmo no momento da agonia; e, sobre o fundo enraizado dessa pompa humana, permitiu que ele visse a beleza sublime da morte de uma cadela.

O AMOR NA HISTÓRIA
QUE SE ACELERA
(Philip Roth: *O professor do desejo*)

Há quanto tempo Kariênin não fazia mais amor com Anna? E Vrónski? Saberia fazê-la gozar? E Anna? Não seria frígida? Faziam eles amor no escuro, com a luz acesa, na cama, no tapete, em três minutos, em três horas, trocando propostas românticas, obscenidades, ou em silêncio? Não sabemos nada. O amor, nos romances daquela época, ocupava o vasto território que se estendia do primeiro encontro até a soleira do coito; essa soleira representava uma fronteira intransponível.

No século XX, progressivamente e em todas as dimensões, o romance descobre a sexualidade. Na América, ele anuncia e acompanha a grande reviravolta de costumes que irá acontecer numa velocidade vertiginosa: nos anos 1950, ainda se era sufocado por um puritanismo implacável, e depois, numa só década, tudo mudou: o grande espaço entre o primeiro flerte e o ato de amor desaparece. O homem não é mais protegido do sexo pelo *no man's land* sentimental. É confrontado com ele diretamente, implacavelmente.

A liberdade sexual em David H. Lawrence tem o ar de uma revolta dramática ou trágica. Um pouco mais tarde, em

Henry Miller, ela é cercada por uma euforia lírica. Trinta anos depois, em Philip Roth, ela é apenas uma situação real, adquirida, coletiva, banal, inevitável, codificada: nem dramática, nem trágica, nem lírica.

Chegamos ao limite. Não existe "mais adiante". Não são mais as leis, os pais, as convenções que se opõem ao desejo. Tudo é permitido. E o único inimigo é nosso próprio corpo, desnudado, desencantado, desmascarado. Philip Roth é um grande historiador do erotismo americano. Ele é também o poeta dessa estranha solidão do homem abandonado diante de seu corpo.

No entanto, no decorrer das últimas décadas, a história andou tão depressa que os personagens de *O professor do desejo* não podem deixar de guardar em suas memórias outra época, a de seus pais, que viveram seus amores mais à maneira de Tolstói do que de Roth. A nostalgia que se espalha na atmosfera do romance assim que o pai ou a mãe de Kepesh entram em cena não é apenas a nostalgia dos pais, é a nostalgia do amor, do amor tal qual, o amor entre pai e mãe, desse amor comovente e antiquado do qual o mundo de hoje parece desprovido. (Sem a memória do que era outrora, o que sobraria do amor, da própria noção de amor?) Essa estranha nostalgia (estranha, pois não está ligada a personagens concretos, mas fixada mais longe, além de sua vida, recuada no tempo) acrescenta a esse romance, aparentemente cínico, uma tocante ternura.

A aceleração da história transformou profundamente a existência individual que, nos séculos passados, se desenrolava, do nascimento até a morte, numa única época histórica; hoje ela salta duas, às vezes mais. Se, antigamente, a história avançava muito mais lentamente do que a vida humana, hoje é ela que vai mais depressa, que corre, que escapa ao homem, de tal modo que a continuidade e a identidade de uma vida correm o risco de se romper. Assim, o romancista sente a necessidade de guardar ao lado de nossa maneira de viver a lembrança daquela, tímida, meio esquecida, de nossos predecessores.

Lá se encontra o sentido do intelectualismo dos heróis de Roth, todos professores de literatura ou escritores, constantemente meditando sobre Tchékhov, sobre Henry James ou sobre Kafka. Não está ali uma fútil exibição intelectual de uma literatura debruçada sobre si mesma. É o desejo de preservar o tempo passado no horizonte do romance e de não deixar os personagens no vazio em que a voz dos antepassados não seria mais ouvida.

O SEGREDO DAS IDADES DA VIDA
(Gudbergur Bergsson: *O cisne*)

Uma menina roubava sanduíches nos supermercados de Reykjavík. Para puni-la, seus pais a mandam para o campo, onde ela deve passar vários meses, na casa de um fazendeiro que ela não conhece. Nas velhas sagas islandesas do século XIII, também mandavam-se os grandes criminosos para o interior do país, o que equivalia então à pena de morte, tendo em vista a imensidão daquela terra, fria e desértica. A Islândia: 300 mil habitantes em 100 mil quilômetros quadrados. A fim de suportar a solidão (eu cito uma imagem do romance), os fazendeiros levam seus binóculos para observar de longe outros fazendeiros, que também levam seus binóculos. A Islândia: solidões que se espiam.

O cisne, esse romance picaresco sobre a infância, respira a paisagem islandesa em cada linha. No entanto, peço, não o leiam como um "romance islandês", como uma esquisitice bizarra. Gudbergur Bergsson é um grande romancista europeu. O que inspira sua arte, em primeiro lugar, não é uma curiosidade sociológica ou histórica, ainda menos geográfica, mas uma busca existencial, uma verdadeira *obstinação existencial*, que situa seu livro no próprio centro do que se poderia chamar (em minha opinião) a modernidade do romance.

O objeto dessa busca é a heroína muito jovem ("a pequena", como é chamada pelo autor), ou mais exatamente sua idade: nove anos. Cada vez com mais frequência afirmo (uma coisa tão evidente e que no entanto nos escapa) que o homem não existe senão em sua idade concreta, e que tudo muda com a idade. Compreender o outro significa compreender a idade que ele está atravessando. O enigma da idade: um desses temas que só um romance pode ilustrar. Nove anos: a fronteira entre a infância e a adolescência. Essa fronteira, jamais vi tão bem ilustrada como nesse romance.

O que quer dizer ter nove anos? É andar nas brumas dos sonhos. Mas não de sonhos líricos. Não há idealização alguma da infância nesse livro! Devanear, fantasiar, para "a pequena", é sua maneira de afrontar o mundo desconhecido e indecifrável, e que está longe de ser amigável. No primeiro dia na fazenda, confrontada com um mundo estranho e aparentemente hostil, ela imagina, para se defender, que "faz jorrar de sua cabeça um veneno invisível com o qual salpica toda a casa. Que ela envenena os quartos, as pessoas, os animais e o ar [...]".

O mundo real, ela só pode perceber por uma interpretação fantasista. Há a filha do fazendeiro; por trás de seu comportamento neurótico, nós adivinhamos uma história de amor; mas a pequena, ela, o que pode adivinhar? Há uma festa camponesa; os casais se dispersam na paisagem acidentada; a menina vê os homens cobrindo as mulheres com seus corpos; sem dúvida alguma, ela pensa, eles querem protegê-las das tempestades, o céu está carregado de nuvens.

Os adultos estão absorvidos em preocupações de ordem prática que eclipsam todas as questões metafísicas. Mas a pequena está longe do mundo prático, de modo que nada se apresenta para ela como questões de vida e de morte. Ela se encontra na idade metafísica. Debruçada sobre uma poça, observa sua imagem na superfície azul da água. "Ela imagina seu corpo se dissolvendo e se perdendo no azul. Será que eu salto?, ela se pergunta. Levanta o pé e vê na água o reflexo da sola gasta de seu sapato." A morte a intriga. Vão sacrificar um novilho. Todas as crianças em torno querem vê-lo morrer. Alguns minutos antes do abate, a pequena lhe sopra ao ouvido: "Você sabe que não vai viver por muito tempo?". As outras crianças acham a frase engraçada e todas, uma atrás da outra, vão sussurrá-la ao ouvido do novilho. Depois, o pescoço é cortado e algumas horas mais tarde todo mundo é chamado para a mesa. As crianças se alegram ao mastigar o corpo cujo abatimento presenciaram. Depois, correm em direção à vaca, mãe do novilho. A pequena se pergunta: será que ela sabe que estamos digerindo sua cria em nosso ventre? E se põe a respirar com a boca bem aberta, perto do nariz da vaca.

O intervalo entre a infância e a adolescência: não tendo mais necessidade dos cuidados constantes dos pais, a pequena descobre de repente sua independência; mas, estando sempre separada do mundo prático, ela percebe ao mesmo tempo sua inutilidade; percebe cada vez mais que está sozinha entre pessoas que não lhe são próximas. E, no entanto, mesmo inútil, ela cativa os outros. Eis uma pequena cena inesquecível: a filha do fazendeiro, em sua crise amorosa, sai todas as noites (as noites claras da Islândia) e vai se sentar perto do rio. A pequena, que a observa, sai também e senta-se no chão atrás dela. Uma está consciente da presença da outra, mas elas não se falam. Depois, num certo momento, a filha do fazendeiro levanta a mão e faz um sinal silencioso para ela se aproximar. E, todas as vezes, recusando-se a obedecer, a pequena volta para a fazenda. Cena modesta, mas mágica. Não cesso de ver, nessa mão levantada, o sinal que fazem os seres distanciados pela idade, incompreensíveis um para o outro, que não têm nada a se transmitir a não ser essa mensagem: estou longe de você, não tenho nada a lhe dizer, mas estou aqui, e sei que você está aí. Essa mão levantada é o gesto desse livro, que se debruça sobre uma idade distante que não podemos nem reviver nem restituir, que se tornou para cada um de nós um mistério do qual só a intuição do romancista-poeta pode nos aproximar.

O IDÍLIO, FILHO DO HORROR
(Marek Bienćzyk: *Tworki*)

Tudo se passa na Polônia perto do fim da Segunda Guerra Mundial. O fragmento mais conhecido da História é visto por um ângulo desconhecido — a partir de um grande hospital psiquiátrico de Varsóvia: Tworki. Para ser original a qualquer preço? Ao contrário: durante esses tempos negros, nada mais natural do que procurar um canto para fugir. De um lado, o horror; do outro, o refúgio.

O hospital é administrado pelos alemães (não pelos monstros nazistas, não procurem clichês nesse romance); eles empregam como contadores alguns poloneses bem jovens, entre eles três ou quatro judeus com carteiras de identidade falsas. O que chama imediatamente a atenção: esses jovens não se parecem com a juventude de hoje — eles são pudicos, tímidos, desajeitados, com uma sede ingênua de moral e de bondade; eles vivem seus "amores virginais" cujos ciúmes e decepções, na estranha atmosfera de uma gentileza obstinada, nunca se transformam em raiva.

Será que a juventude de então difere tanto da atual porque meio século as separa? Eu vejo outra razão para essa dessemelhança: o idílio que eles estavam vivendo era filho do horror; do horror escondido, mas sempre presente, sempre rondando. Eis o *paradoxo demoníaco*: se uma sociedade (por exemplo, a nossa) vomita violência e maldade gratuitas, é porque lhe falta a verdadeira experiência do mal, do reino do mal. Pois, quanto mais cruel é a história, mais belo parece o mundo do refúgio; quanto mais banal é um acontecimento, mais ele parece uma boia de salvação à qual se agarram aqueles que "escaparam".

Há páginas no romance em que as palavras voltam como refrões e a narrativa se torna um canto que nos eleva e transporta. Qual é a fonte dessa música, dessa poesia? A prosa da vida, as banalidades mais banais: Jurek está apaixonado por Sonia; suas noites de amor são mencionadas com extrema brevidade, mas o movimento do balanço em que Sonia está sentada é descrito lentamente, em detalhes. "Por que você gosta tanto de se balançar?", pergunta Jurek. "Porque... é difícil de explicar. Estou lá embaixo, e logo depois lá em cima. E vice-versa." Jurek escuta essa confissão surpreendente e, maravilhado, olha para cima, onde, "perto do cimo das árvores, as solas, bege-claras, se tornam escuras", olha para baixo, onde elas "tornam a descer até debaixo de seu nariz", olha, deslumbrado, e não esquecerá.

Quase no fim do romance, Sonia irá embora de Tworki. Ela havia fugido para viver ali, aterrorizada, seu frágil idílio. Ela é judia; ninguém sabe (nem mesmo o leitor). No entanto, ela procura o diretor alemão do hospital, se denuncia, o diretor grita: "Você está louca, você está louca!", pronto para colocá-la no isolamento e salvá-la. Mas ela persiste. Quando tornarmos a vê-la, ela não estará mais viva: "acima do chão, do galho grosso de um álamo alto, Sonia pendia, Sonia balançava, Sonia estava enforcada".

De um lado, o idílio do cotidiano, o idílio reencontrado, revalorizado, transformado em canto; do outro lado, a moça enforcada.

O COLAPSO DAS LEMBRANÇAS
(Juan Goytisolo: *Telón de boca*)

Um homem, já velho, que acaba de perder a mulher. Poucas informações sobre seu caráter e sua biografia. Não há "story". O único assunto do livro é o novo período de sua vida, no qual, de repente, ele entra; quando sua mulher estava ao seu lado, ela estava ao mesmo tempo *diante* dele, no horizonte de seu tempo; agora, o horizonte está vazio: a vista mudou.

No primeiro capítulo, o homem pensa a noite inteira na morta, desconcertado pelo fato de a memória trazer para o seu pensamento os velhos versos, as canções franquistas de sua primeira juventude, quando ele ainda não a conhecia. Por quê, por quê? As lembranças teriam tão mau gosto? Ou será que caçoavam dele? Esforça-se em rever todas as paisagens nas quais outrora estavam juntos; consegue ver as paisagens, "mas ela, nem mesmo de modo fugaz, jamais reaparecerá ali".

Quando olha para trás, sua vida "não tinha coerência: encontrava apenas fragmentos, elementos isolados, uma sucessão incoerente de quadros... O desejo de dar uma justificativa posterior a acontecimentos esparsos supunha uma falsificação que poderia enganar aos outros, mas não a si mesmo". (E me pergunto: não é justamente isto, a *biografia*? Uma lógica artificial que é imposta a uma "sucessão incoerente de quadros"?)

Nessa nova perspectiva, o passado aparece em toda a sua irrealidade; e o futuro? Claro, é evidente, o futuro não tem nada de real (ele pensa em seu pai, que construíra uma casa para os filhos, que nunca a habitaram). Assim, lado a lado, o passado e o futuro se distanciam dele; passeia por um vilarejo, segura um garoto pela mão e, para a sua surpresa, "se sente leve e contente, tão desprovido de passado quanto o menino que o guia... Tudo converge para o presente e termina no presente...". E, de repente, nesta existência reduzida à exiguidade do tempo presente, ele encontra uma felicidade que jamais conhecera e jamais esperara.

Depois dessas análises do tempo, podemos compreender a frase que Deus lhe disse: "Ainda que você tenha sido engendrado por uma gota de esperma e eu fabricado por golpes de especulações e de concílios, nós temos em comum o essencial: a inexistência". Deus? Sim, aquele que o homem velho inventou para si e com o qual tem grandes conversas. É um Deus que não existe e que, porque não existe, é livre para proferir blasfêmias soberbas.

Durante um de seus discursos, esse Deus ímpio lembra ao homem velho sua visita à Tchetchênia; foi no momento em que, depois do fim do comunismo, a Rússia entrou em guerra com os tchetchenos. Por isso o homem velho havia levado consigo o *Khadji-Murát* de Tolstói, um romance que conta a guerra dos mesmos russos contra os mesmos tchetchenos uns 150 anos antes.

Curiosamente, como o homem velho de Goytisolo, eu também tinha relido, na mesma época, *Khadji-Murát*. Lembro-me de uma circunstância que naquele momento me espantou: mesmo que todo mundo, todos os salões, todas as mídias se excitassem havia muitos anos com as carnificinas na Tchetchênia, não ouvi ninguém, nem um só jornalista, nenhum político, nenhum intelectual, falar em Tolstói, lembrar-se de seu livro. Todos estavam chocados com o escândalo do massacre, mas ninguém com a *repetição* do massacre! E, no entanto, é a repetição dos escândalos a rainha de todos os escândalos! Apenas o Deus blasfemador de Goytisolo sabe disto — "Me diga: o que foi que mudou sobre esta Terra que, segundo a lenda, criei em uma semana? De que serve prolongar inutilmente esta farsa? Por que as pessoas continuam se reproduzindo obstinadamente?".

Porque o escândalo da repetição é sempre caridosamente apagado pelo escândalo do esquecimento (o esquecimento, este "grande buraco sem fundo onde se perde a lembrança", a lembrança de uma mulher amada tanto quanto a de um grande romance ou de uma carnificina).

O ROMANCE E A PROCRIAÇÃO
(Gabriel García Márquez: *Cem anos de solidão*)

Foi relendo *Cem anos de solidão* que me veio uma ideia estranha: os protagonistas dos grandes romances não têm filhos. Apenas 1% da população não tem filhos, mas pelo menos 50% dos grandes personagens romanescos deixam o romance sem procriar. Nem Pantagruel, nem Panurge, nem Dom Quixote têm descendência. Nem Valmont, nem a marquesa de Merteuil, nem a virtuosa presidente das *Ligações perigosas*. Nem Tom Jones, o mais célebre herói de Fielding. Nem Werther. Nenhum dos protagonistas de Stendhal tem filhos; o mesmo acontece com os de Balzac; e de Dostoiévski; e no século recentemente terminado, Marcel, o narrador de *Em busca do tempo perdido*, e, claro, todos os grandes personagens de Musil, Ulrich, sua irmã Ágata, Walter, sua mulher Clarisse e Diotime; e Chveïk; e os protagonistas de Kafka, com exceção do jovem Karl Rossmann, que engravidou uma empregada, mas é precisamente por isso, para apagar a criança de sua vida, que ele foge para a América e que o romance pode nascer. Essa infertilidade não é devida a uma intenção consciente dos romancistas; é o espírito da arte do romance (ou o subconsciente dessa arte) que repudia a procriação.

O romance nasceu com os tempos modernos que fizeram do homem, para citar Heidegger, o "único verdadeiro *subjectum*", o "fundamento de tudo". É em grande parte graças ao romance que o homem se instala na cena da Europa como indivíduo. Longe do romance, em nossas vidas reais, não sabemos grande coisa de nossos pais tais como eram antes de nosso nascimento; não conhecemos nossos familiares a não ser por fragmentos; nós os vemos chegando e partindo; mal desaparecem, e seus lugares são tomados por outros: eles formam um longo desfile de seres substituíveis. Apenas o romance isola um indivíduo, clareia toda a sua biografia, suas ideias, seus sentimentos, torna-o insubstituível: faz dele o centro de tudo.

Dom Quixote morre e o romance termina; esse fim não seria tão perfeitamente definitivo se Dom Quixote tivesse filhos; com filhos, sua vida seria prolongada, imitada ou contestada, defendida ou traída; a morte de um pai deixa a porta aberta; é aliás o que nós ouvimos desde a nossa infância: sua vida vai continuar em seus filhos; seus filhos são sua imortalidade. Mas se minha história pode continuar além de minha própria vida, isso quer dizer que minha vida não é uma entidade independente, isso quer dizer que ela é incompleta; isso quer dizer que existe alguma coisa inteiramente concreta e terrestre em que o indivíduo se funde, consente em se fundir, consente em ser esquecido: família, progenitura, tribo, nação. Isso quer dizer que o indivíduo, como "fundamento de tudo", é uma ilusão, uma aposta, o sonho de alguns séculos europeus.

Com *Cem anos de solidão* de García Márquez, a arte do romance parece sair desse sonho; o centro da atenção não é mais um indivíduo, mas um cortejo de indivíduos; eles são todos originais, inimitáveis, e no entanto cada um deles não é senão o brilho fugaz de um raio de sol sobre a onda de um rio; cada um deles traz consigo seu esquecimento futuro e cada um deles está consciente disso; ninguém fica em cena no romance do começo até o fim; a mãe de toda essa tribo, a velha Úrsula, tem 120 anos quando morre, e isso muito tempo antes de o romance acabar, e todos têm nomes que se parecem, José Arcádio Buendia, José Arcádio, José Arcádio Segundo, Aureliano Buendia, Aureliano Segundo, para que os contornos que os distinguem se misturem e que o leitor os confunda. Ao que parece, o tempo do individualismo europeu não é mais o tempo deles. Mas qual é então o tempo deles? Um tempo que remonta ao passado indígena da América? Ou um tempo futuro no qual o indivíduo humano se fundirá no formigueiro humano? Tenho a impressão de que esse romance, que é uma apoteose da *arte* do romance, é ao mesmo tempo um adeus dirigido à *era* do romance.

III
AS LISTAS NEGRAS OU DIVERTIMENTO EM HOMENAGEM A ANATOLE FRANCE

1

Cercado de alguns de seus compatriotas, um amigo francês chegou um tempo atrás em Praga e eu me vi num táxi com uma senhora a quem, sem saber como começar uma conversa, perguntei bobamente qual era o seu compositor francês preferido. Sua resposta, imediata, espontânea, enérgica, ficou na minha cabeça: "Sobretudo não é Saint-Saëns!".

Perdi a chance de lhe perguntar: "E o que você escutou dele?". Certamente, ela teria me respondido num tom ainda mais indignado: "De Saint-Saëns? Absolutamente nada!". Pois não se tratava, de sua parte, da aversão por uma música, mas de uma causa mais grave: não estar ligada a um nome gravado na lista negra.

2

As listas negras. Elas eram a grande paixão das vanguardas já antes da Primeira Guerra Mundial. Eu tinha mais ou menos 35 anos quando traduzi para o tcheco a poesia de Apollinaire, e foi então que tomei conhecimento do seu pequeno manifesto de 1913 em que ele distribuía as "merdas" e as "rosas". A merda para Dante, Shakespeare, Tolstói, mas também para Poe, para Whitman, para Baudelaire! A rosa para si mesmo, para Picasso, para Stravinski. Esse manifesto, charmoso e engraçado (a rosa que Apollinaire oferece a Apollinaire), me regalava.

3

Uns dez anos mais tarde, recentemente emigrado, eu conversava na França com um jovem que de repente me perguntou: "Você gosta de Barthes?". Na época, eu não era mais ingênuo. Sabia que eu passava por um exame. Sabia também que Roland Barthes, naquele momento, figurava em primeiro lugar em todas as listas de ouro. Respondi: "Claro que gosto. E como! Você fala, não é, de Karl Barth! O criador da teologia negativa! Um gênio! A obra de Kafka é inconcebível sem ele!". Meu examinador não tinha jamais ouvido falar no nome de Karl Barth, mas, tendo em vista que eu o havia ligado a Kafka, o intocável dos intocáveis, ele não tinha mais nada a dizer. A discussão tomou outro rumo. E fiquei contente com a minha resposta.

4

Na mesma época, durante um jantar, tive que passar por outro exame. Um melômano quis saber qual era meu compositor francês preferido. Ah, como as situações se repetem! Poderia ter respondido "Sobretudo não é Saint-Saëns!", mas me deixei seduzir por uma lembrança. Meu pai, nos anos 1920, trouxera de Paris as peças para piano de Darius Milhaud e as tocara na Tchecoslováquia diante de um público esparso (muito esparso) dos concertos de música moderna. Comovido pela lembrança, confessei meu amor por Milhaud e por todo o "grupo dos Seis". Fui ainda mais caloroso nos meus elogios porque, cheio de amor pelo país no qual estava começando minha segunda vida, queria expressar assim minha admiração. Meus novos amigos me escutaram com simpatia. E foi por simpatia que, delicadamente, me fizeram compreender que aqueles que eu considerava modernos não o eram mais havia muito tempo e que eu deveria procurar outros nomes para meus elogios.

Na verdade, as transferências de uma lista para outra acontecem sem parar, e é aí que os ingênuos são apanhados. Em 1913, Apollinaire tinha oferecido a rosa a Stravinski sem saber que em 1946 Theodor W. Adorno a daria a Schönberg enquanto atribuía a Stravinski, solenemente, uma merda.

E Cioran! Desde a época em que o conheci, não fez outra coisa senão passear de uma lista à outra para se instalar, no crepúsculo de sua vida, na lista negra. Aliás, foi ele que, pouco depois de minha chegada à França, quando mencionei em sua frente Anatole France, se inclinou em direção ao meu ouvido e murmurou com um riso malicioso: "Jamais pronuncie aqui o nome dele em voz alta, todo mundo vai caçoar de você!".

5

O cortejo fúnebre que acompanhava Anatole France tinha alguns quilômetros de comprimento. Depois, tudo desmoronou. Atiçados por sua morte, quatro jovens poetas surrealistas escreveram um panfleto contra ele. Ficando vaga sua cadeira na Academia Francesa, outro poeta, Paul Valéry, foi eleito para ocupá-la. Cerimônia obrigatória, foi preciso que ele fizesse o elogio do desaparecido. Durante todo o seu panegírico, que se tornou lendário, ele conseguiu falar de France sem pronunciar o nome dele e celebrar esse anônimo com uma reserva ostensiva.

Realmente, assim que seu caixão tocou o fundo do buraco, começou para ele a marcha em direção à lista negra. Como? Será que as opiniões de alguns poetas de pouca popularidade teriam a força de influenciar um público cem vezes mais numeroso? Onde desapareceu a admiração de milhares de pessoas que acompanharam seu enterro? De onde as listas negras tiram sua força? De onde vêm os comandos secretos a que elas obedecem?

Dos salões. Em nenhum lugar do mundo eles desempenharam um papel tão importante quanto na França. Graças à tradição aristocrática que existe há séculos, depois graças a Paris, onde, num pequeno espaço, toda a elite intelectual do país se aglomera e forma as opiniões; ela não as propaga por estudos críticos, discussões eruditas, mas por fórmulas escandalosas, jogo de palavras, caçoadas brilhantes (é assim: os países descentralizados diluem a maldade, os centralizados a condensam). Ainda a propósito de Cioran. Na época em que eu estava certo de que seu nome brilhava em todas as listas de ouro, encontrei um intelectual reputado: "Cioran?", disse-me ele, fixando longamente meus olhos. Depois, com um riso longo e sufocado: "Um dândi do nada...".

6

Quando eu tinha dezenove anos, um amigo, uns cinco anos mais velho, comunista convicto (como eu), membro da resistência durante a guerra (um verdadeiro resistente que havia arriscado a vida e que eu admirava por causa disso), me confiou seu plano: editar uma nova versão de jogo de cartas em que todas as damas, os reis, os valetes seriam substituídos por stakhanovistas, militantes, ou por Lênins: não seria uma ideia excelente casar o velho gosto do povo pelas cartas com uma educação política?

Depois, um dia, li *Os deuses têm sede* na tradução tcheca. Seu protagonista, Gamelin, jovem pintor jacobino, havia inventado um novo jogo de cartas no qual os reis, as rainhas, os valetes são substituídos por Liberdades, Igualdades, Fraternidades... Fiquei estupefato. A história não é senão uma longa sucessão de variações? Pois tinha certeza de que meu amigo jamais tinha lido uma só linha de Anatole France. (Não, jamais; eu perguntei a ele.)

7

Jovem rapaz, eu tentava me orientar no mundo que estava caindo no abismo de uma ditadura cuja realidade concreta não era prevista, querida, imaginada por ninguém, sobretudo por aqueles que tinham desejado e aclamado sua chegada: o único livro que, na época, foi capaz de me dizer alguma coisa lúcida sobre esse mundo desconhecido foi *Os deuses têm sede*.

Gamelin, esse pintor que inventou a nova versão do jogo de cartas, é, talvez, o primeiro retrato literário de um "artista engajado". No começo do comunismo, quantos deles eu vi à minha volta! No entanto, o que me cativava no romance de France não era a *denúncia* de Gamelin, mas o *mistério* de Gamelin. Digo o "mistério", já que esse homem que acabou enviando dezenas de pessoas para a guilhotina teria sido numa outra época um vizinho gentil, um bom colega, um artista dotado. Como é que um homem indiscutivelmente honesto pode esconder em si um monstro? Em tempos politicamente tranquilos, o monstro estaria também presente nele? Indetectável? Ou pelo menos perceptível? Nós, que conhecemos os Gamelins *assustadores*, seríamos capazes de entrever o monstro que dormia nos Gamelins amáveis que hoje nos cercam?

Em meu país natal, enquanto as pessoas se desfaziam das ilusões ideológicas, o "mistério Gamelin" deixou de interessá-los: um canalha é um canalha, qual é o mistério? O enigma existencial se eclipsou atrás da certeza política, e as certezas ignoram os enigmas. É por isso que as pessoas, apesar das experiências ricas que viveram, saem sempre de um desafio histórico tão idiotas quanto entraram.

8

Na mansarda, bem em cima do apartamento de Gamelin, existe um pobre quartinho onde mora Brotteaux, antigo banqueiro recentemente quebrado; Gamelin e Brotteaux: dois polos do romance. Em seu estranho antagonismo, não é a virtude que se opõe ao crime; nem a contrarrevolução que combate a revolução; Brotteaux não faz parte de nenhuma luta; ele não tem ambição de impor seu próprio pensamento ao pensamento dominante; ele não reivindica senão seu direito de ter ideias inaceitáveis e de duvidar não apenas da revolução, mas do homem tal qual foi criado por Deus. Na época em que minhas atitudes estavam se formando, esse Brotteaux me fascinou; não por esta ou aquela de suas ideias concretas, mas por sua atitude de *homem que se recusa a crer*.

Pensando mais tarde em Brotteaux, me dei conta de que havia na época do comunismo duas formas elementares de discordar do regime: o desacordo fundado numa crença e o fundado no ceticismo; o desacordo moralizador e o imoralista; o desacordo puritano e o libertino; um censurando o comunismo por não acreditar em Jesus, outro o acusando de se transformar numa nova Igreja; um se indignando que se permitisse o aborto, outro o acusando de torná-lo difícil. (Obcecadas pelo inimigo comum, essas duas atitudes quase não viam sua divergência; esta surgiu muito mais forte depois que o comunismo foi embora.)

9

E meu amigo e seu jogo de cartas? Também ele, como

Gamelin, não conseguiu vender sua ideia. Mas não acredito que tenha ficado deprimido. Pois ele tinha senso de humor. Quando me falou de seu plano, me lembro, ele riu. Percebia o cômico de sua ideia, mas, a seus olhos, por que uma ideia engraçada não poderia ao mesmo tempo ser útil a uma boa causa? Se eu o comparo a Gamelin, me digo que é o senso de humor que os separava, e que, certamente, graças a seu humor, meu amigo jamais se tornaria um carrasco.

Nos romances de France, o humor está constantemente presente (mesmo sendo discreto); no caso de *A rotisseria da rainha Pédauque*, não podemos deixar de achar graça; mas o que é que o humor tem a ver com o terreno ensanguentado de uma das piores tragédias da história? No entanto, é justamente isso que é único, novo, admirável: saber resistir ao páthos quase obrigatório de um assunto tão grave. Pois só o senso de humor pode revelar a falta de humor nos outros. E revelá-la *com espanto*! Só a lucidez do humor pôde perceber no fundo da alma de Gamelin sua escuridão secreta: o *deserto do sério*, o *deserto sem humor*.

10

O capítulo 10 de *Os deuses têm sede*: é lá que a atmosfera ligeira, alegre, feliz, está concentrada; é nele que a luz se espalha sobre todo o romance que, sem esse capítulo, ficaria sombrio e perderia seu charme. Durante os dias mais negros do Terror, alguns jovens pintores, Gamelin com seu amigo Desmahis (simpático brincalhão e conquistador), uma atriz célebre (acompanhada de outras jovens mulheres), um marchand de quadros (com sua filha Élodie, a noiva de Gamelin), e mesmo Brotteaux (aliás, ele também pintor amador) fazem uma excursão para fora de Paris, para passar dois dias divertidos. O que eles vivem durante esse curto espaço de tempo são apenas pequenos acontecimentos banais, mas é justamente no banal que brilha a felicidade. A única aventura erótica (o coito de Desmahis com uma moça mais larga do que alta por conta do seu esqueleto monstruosamente esparramado) é tão insignificante quanto grotesca e, no entanto, feliz. Gamelin, membro recente do Tribunal Revolucionário, se sente bem nessa companhia, exatamente como Brotteaux, sua futura vítima guilhotinada. Eles estão todos ligados por uma simpatia recíproca, simpatia facilitada pela indiferença que a maioria dos franceses já sente pela Revolução e sua retórica; uma indiferença, claro, prudentemente disfarçada, tanto que Gamelin não a percebe; ele está contente com o outros, embora, ao mesmo tempo, inteiramente só entre eles (só, ainda sem saber).

11

Aqueles que conseguiram, por todo um século, pôr o nome de Anatole France na lista negra não eram romancistas, eram poetas; a princípio, os surrealistas: Aragon (sua grande conversão ao romance ainda esperava por ele), Breton, Éluard, Soupault (cada um escreveu seu próprio texto para o panfleto em comum).

Jovens vanguardistas convictos, estavam todos irritados por uma glória muito oficial; autênticos poetas líricos, eles concentravam sua aversão nas mesmas palavras-chave; Aragon censura no morto "a ironia"; Éluard, "o ceticismo, a ironia"; Breton, "o ceticismo, o realismo, a falta de coração". A violência deles tinha, portanto, um sentido, uma lógica, mesmo se, sinceramente, essa "falta de coração" mencionada por Breton me desconcerte um pouco. Será que o grande Não Conformista queria castigar o cadáver com o chicote de uma palavra-kitsch tão gasta?

Em *Os deuses têm sede* France fala, aliás, do coração. Gamelin se encontra entre os novos colegas, os juízes da Revolução, obrigados, com a maior pressa, a condenar os acusados à morte ou perdoá-los; eis como France os descreve:

"de um lado os indiferentes, os apáticos, os racionais, que nenhuma paixão animava, e de outro lado aqueles que se deixavam conduzir pelo sentimento, se mostravam pouco acessíveis à argumentação e *julgavam com o coração. Estes sempre condenavam*" (grifos meus).

Breton viu bem: Anatole France não tinha grande estima pelo coração.

12

O discurso com o qual Paul Valéry elegantemente censurou Anatole France marcou época por uma razão a mais: foi o primeiro discurso pronunciado da tribuna da Academia Francesa sobre um romancista, quero dizer, sobre um escritor cuja importância repousava quase inteiramente em seus romances. Realmente, durante todo o século XIX, o maior século do romance francês, os romancistas foram sobretudo negligenciados pela Academia. Não é um absurdo?

Nem tão absurdo. Pois a personalidade de romancista não correspondia à ideia daquele que, por seus pensamentos, suas atitudes, seu exemplo moral, podia representar uma nação. O status de "grande homem" que a Academia exigia naturalmente de seus membros não é aquilo que um romancista ambiciona; não é essa a sua aspiração; pela natureza de sua arte, ele é secreto, ambíguo, irônico (sim, irônico, os surrealistas em seu panfleto compreenderam isso muito bem); e sobretudo: dissimulado atrás de seus personagens, ele é dificilmente redutível a uma convicção, uma atitude.

Se, no entanto, alguns romancistas entraram na memória comum como "grandes homens", isso não foi senão o resultado do jogo das coincidências históricas, e, para seus livros, sempre uma calamidade.

Penso em Thomas Mann se empenhando para fazer compreenderem o humor de seus romances; um esforço tão tocante quanto vão, porque, na época em que o nome de sua pátria foi maculado pelo nazismo, ele era o único a poder se dirigir ao mundo na qualidade de herdeiro da velha Alemanha, país de cultura; a gravidade de sua situação ocultou desesperadamente o sorriso sedutor de seus livros.

Penso em Máximo Gorki; desejando fazer algo de bom para os pobres e sua revolução fracassada (a de 1905), ele escreveu seu pior romance, *A mãe*, que se tornou, muito mais tarde (por um decreto da repressão), o modelo sagrado da literatura dita socialista; atrás de sua personalidade erigida em estátua, seus romances (muito mais livres e belos do que queremos acreditar) desapareceram.

Penso em Soljenítsin. Seria esse grande homem um grande romancista? Como poderei sabê-lo? Eu jamais abri um de seus livros. Suas retumbantes tomadas de posição (cuja coragem eu aplaudia) me faziam crer que eu já conhecia antecipadamente tudo o que ele tinha a dizer.

13

A *Ilíada* termina muito antes da queda de Troia, no momento em que a guerra ainda está indefinida e o famoso cavalo de madeira nem existe na cabeça de Ulisses. Pois era esse o mandamento estético estipulado pelo primeiro grande poeta épico: você jamais deixará coincidir o tempo dos destinos individuais com o tempo dos acontecimentos históricos. O primeiro grande poema épico foi ritmado sobre o tempo dos destinos individuais.

Em *Os deuses têm sede*, Gamelin é decapitado na mesma época que Robespierre; ele morre no mesmo momento que o poder dos jacobinos; o ritmo de sua vida é colado ao ritmo da história. Em meu foro íntimo, eu censurava France por ter transgredido o mandamento de Homero? Sim. Mas, mais tarde, me corrigi. Pois o horror do destino de Gamelin é justamente este: a história engoliu não apenas seus pensamentos, seus sentimentos, suas ações, mas, ao mesmo tempo, o ritmo de sua vida; ele é o homem engolido pela história; e o romancista teve a audácia de compreender esse horror.

Portanto, não direi que a coincidência do tempo da história e do tempo do protagonista é um *defeito* do romance; no entanto, não negarei que é seu *handicap*; porque a coincidência desses dois tempos convida o leitor a compreender *Os deuses têm sede* como um "romance histórico", uma ilustração da história. Armadilha inelutável para um leitor francês, já que, em seu país, a Revolução tornou-se um acontecimento sagrado, transformado em debate nacional que se eterniza, divide as pessoas, põe uns contra os outros, de modo que um romance que se apresenta como uma descrição da Revolução é imediatamente engolido por esse debate insaciável.

Eis o que explica por que *Os deuses têm sede* foi sempre compreendido melhor fora da França do que na França. Pois tal é a sorte de todos os romances cuja ação está muito estreitamente colada num período delimitado da história; espontaneamente, os compatriotas procuram nele um documento daquilo que eles mesmos viveram ou debateram apaixonadamente; eles se perguntam se a imagem da história dada pelo romance corresponde à sua, e tentam decifrar as opiniões políticas do autor, impacientes por julgá-lo. A maneira mais fácil de deixar um romance escapar.

Pois, para um romancista, a *paixão de conhecer* não visa nem à política nem à história. O que um romancista ainda pode descobrir de novo sobre os acontecimentos descritos e discutidos em milhares de livros eruditos de todo tipo? Não há dúvidas de que o Terror em Anatole France tem um ar horrível, mas leiam bem o último capítulo que se passa em plena euforia contrarrevolucionária! O belo oficial Henry, aquele que havia denunciado as pessoas ao Tribunal Revolucionário, brilha de novo entre os vencedores! Os realistas estúpidos e fanáticos queimam um manequim representando Robespierre e penduram num poste uma imagem de Marat. Não, o romancista não escreveu seu romance para condenar a Revolução, mas para examinar o mistério de seus atores, e com ele outros mistérios, o mistério do cômico que se infiltrou nos horrores, o mistério do tédio que acompanha os dramas, o mistério do coração que se alegra com as cabeças cortadas, o mistério do humor como último refúgio do humano.

14

Paul Valéry, como todo mundo sabe, não tinha grande estima pela arte do romance; isso se vê bem em seu discurso: só as atitudes intelectuais de France importam para ele, não seus romances. Nisso, nunca lhe faltaram discípulos zelosos. Abro *Os deuses têm sede* na coleção Folio (1989); ao fim, na "bibliografia", recomendam cinco livros escritos pelo autor; são eles: *Anatole France, polémiste*; *Anatole France, un sceptique passionné*; *Les aventures du scepticisme* (*essai sur l'évolution intellectuelle d'Anatole France*); *Anatole France, par lui-même*; *Anatole France, les années de formation*. Os títulos indicam bem o que chama a atenção: 1) a biografia de France; 2) suas atitudes em relação aos conflitos intelectuais de seu tempo. Mas por que nunca se interessaram pelo essencial? Será que, através de sua obra, Anatole France disse alguma coisa sobre a vida humana que ainda não havia sido dita? Será que trouxe algo de novo para a arte do romance? E, se sim, como descrever, definir, sua poética do romance?

Ao justapor (com uma só curta frase) os livros de France aos de Tolstói, de Ibsen, e de Zola, Valéry os qualifica como "obras leves". Às vezes, disfarçada, a maldade pode tornar-se elogio! O que é admirável, na verdade, é justamente a leveza de estilo com a qual France soube tratar o peso da época do Terror! Uma leveza que não tem comparação com nenhum dos grandes romances de seu século. Vagamente, ela me faz pensar no século precedente, em *Jacques, o fatalista* ou em *Cândido*. Mas, em Diderot ou Voltaire, a leveza da narrativa paira acima de um mundo cuja realidade cotidiana permanece invisível e inexprimível; a *banalidade do cotidiano*, essa grande descoberta do romance do século XIX, ao contrário, está sempre presente em *Os deuses têm sede*, não em longas descrições, mas sim em detalhes, notas, em breves observações surpreendentes. Esse romance é uma *coabitação da história insuportavelmente dramática e do cotidiano insuportavelmente banal*, uma coabitação que brilha de ironia, tendo em vista que esses dois aspectos opostos da vida se chocam constantemente, se contradizem, se ridicularizam um ao outro. Essa coabitação cria o estilo do livro, sendo ao mesmo tempo um de seus grandes temas (o cotidiano no tempo dos massacres). Mas chega, não quero fazer eu uma análise estética dos romances de France...

15

Não quero porque não estou pronto. Eu guardo bem em minha memória *Os deuses têm sede* e *A rotisseria da rainha Pédauque* (esses romances faziam parte da minha vida), mas outros romances de Anatole France deixaram em mim apenas vagas lembranças e há outros que não li. Aliás, é assim que conhecemos os romancistas, mesmo aqueles que amamos muito. Eu digo: "Gosto de Joseph Conrad". E meu amigo: "Eu, nem tanto". Mas estaríamos falando do mesmo autor? Eu li de Conrad dois romances, meu amigo, só um, que eu não conheço. No entanto, cada um de nós, com toda inocência (com toda impertinência inocente), tem certeza de que tem uma ideia adequada sobre Conrad. É essa a situação de todas as artes? Não inteiramente. Se eu lhe dissesse que Matisse é um pintor de segunda ordem, bastaria que você passasse quinze minutos num museu para compreender que eu sou tolo. Mas como reler todo o Conrad? Isso levaria semanas! As diferentes artes alcançam de maneira distinta o nosso cérebro; nele se instalam com uma facilidade diferente, uma velocidade diferente, um grau de inevitável simplificação; e com uma permanência diferente. Nós todos falamos da história da literatura, agimos como se pertencêssemos a ela, certos de conhecê-la, mas o que é *in concreto* a história da literatura na memória comum? Um patchwork costurado de imagens fragmentadas que, por puro acaso, cada um dos milhares de leitores fez para si mesmo. Sob o céu pontilhado de tal memória vaporosa e ilusória, estamos todos à mercê das listas negras e de seus veredictos arbitrários e inverificáveis, sempre prontos a imitar sua estúpida elegância.

16

Encontro uma velha carta, datada de 20 de agosto de 1971 e assinada: Louis. Essa carta, bastante longa, é a resposta de Aragon àquela que eu mesmo lhe havia escrito (e da qual não guardo nenhuma lembrança). Ele me informa sobre o que vivera durante o mês precedente, sobre seus livros que estão sendo editados ("o *Matisse* que sai por volta de 10 de setembro...") e, nesse contexto, eu leio: "Mas o panfleto sobre France não tem interesse algum, acredito que nem mesmo possuo tal publicação em que há um artigo insolente escrito por mim, e isso é tudo".

Eu gostei muito dos romances que Aragon escreveu depois da guerra, *A Semana Santa*, *Condenação à morte*... Quando, mais tarde, ele redigiu um prefácio para *A brincadeira*, encantado de poder conhecê-lo pessoalmente, tentei prolongar minha relação com ele. Comportei-me como fiz com aquela senhora no táxi a quem havia perguntado, para sustentar a conversa, qual era seu compositor francês preferido. Para me vangloriar de estar a par do panfleto dos surrealistas contra Anatole France, certamente fiz alguma pergunta a Aragon na minha carta. Hoje, sei imaginar sua leve decepção: "Esse pobre artigo insolente será a única coisa que lhe interessa, a esse Kundera, de tudo o que eu já escrevi?". E ainda (muito mais melancolicamente): "Será que não sobrará nada de nós senão aquilo que não tem interesse algum?".

17

Estou próximo do ponto final e, à guisa de adeus, evocarei mais uma vez o capítulo 10, essa lâmpada, acesa no primeiro terço do romance, que não cessará de iluminá-lo com sua tênue luz até a última página: um pequeno grupo de amigos, de boêmios, sai de Paris por dois dias para se instalar numa pousada no campo; todos estão à procura de aventuras das quais só uma se realizará: a noite cai e Desmahis, amável conquistador e brincalhão, procura na mansarda uma moça do grupo; ela não está lá, mas ele encontra outra: uma empregada do albergue, uma moça monstruosa que, por causa do seu esqueleto esparramado, é mais larga do que alta; ela está dormindo ali, a saia levantada, com as pernas abertas; Desmahis não hesita e faz amor com ela. Esse coito curto, essa amável violação é descrita sobriamente, num curto parágrafo. E para que nada de pesado, de vil, de naturalista fique desse episódio, no dia seguinte, enquanto o grupo se prepara para partir, a mesma moça com os ossos em dobro, do alto de uma escada, com excelente humor, feliz, despede-se de todos, jogando-lhes flores escada abaixo. Umas duzentas páginas adiante, bem no fim do romance, Desmahis, o grande conquistador da moça de ossos em dobro, se encontrará na cama de Élodie, a noiva de seu amigo Gamelin, já guilhotinado. E tudo isso sem páthos algum, acusação alguma, riso amarelo algum, apenas com um leve, leve, leve véu de tristeza...

IV
O SONHO DA
HERANÇA INTEGRAL

DIÁLOGO SOBRE RABELAIS
E OS MISOMUSOS

Guy Scarpeta — Lembro-me de suas palavras: "Fico sempre surpreso com a pouca influência que Rabelais tem sobre a literatura francesa. Diderot, claro. Céline também. Mas tirando isso?". Lembro que Gide, em 1913, em resposta a uma enquete, excluía Rabelais de seu panteão romanesco, ao passo que incluía nele Fromentin. E você? O que representa Rabelais para você?

Milan Kundera — *Gargantua e Pantagruel* é um romance precursor. Um momento miraculoso, que não volta mais, no qual uma arte ainda não se constituiu como tal, e portanto ainda não está normativamente delimitada. Assim que o romance começa a se afirmar como um gênero especial ou (melhor) como uma arte autônoma, sua liberdade original se encolhe; surgem os censores estéticos que pensam que podem decretar aquilo que responde ou não ao caráter dessa arte (aquilo que é ou não um romance), e um público logo se forma com seus hábitos e suas exigências. Graças a essa *liberdade inicial* do romance, a obra de Rabelais contém imensas possibilidades estéticas; algumas se realizaram na evolução posterior do romance e outras nunca se realizaram. Ora, o romancista recebe como herança não apenas tudo

67

o que foi realizado, mas também tudo o que foi possível. Rabelais nos faz lembrar disso.

G. S. — Bem, Céline é um dos únicos escritores franceses, talvez o único, que explicitamente invoca Rabelais. O que você pensa do texto dele?

M. K. — "Rabelais errou seu alvo", diz Céline. "O que ele queria fazer era uma linguagem para todo mundo, verdadeira. Ele queria democratizar a língua [...] levar a linguagem falada para a linguagem escrita." Segundo Céline, foi o estilo acadêmico que venceu: "[...] Não, a França não pode mais compreender Rabelais: ela se tornou afetada [...]". Uma certa afetação é, sim, uma maldição da literatura francesa, do espírito francês, concordo. Por outro lado, fico um pouco reticente quando leio no mesmo texto de Céline: "Eis o essencial do que eu queria dizer. O resto (imaginação, poder de criação, cômico etc.), isso não me interessa. Só a língua, nada além da língua". Na época em que escreveu isso, em 1957, Céline ainda não podia saber que essa *redução da estética à linguística* se tornaria um dos axiomas da futura tolice universitária (que ele, sem dúvida, teria detestado). De fato, o romance também são os personagens, a história (*story*), a composição, o estilo (o registro de estilos), o espírito, o caráter da imaginação. Pense, por exemplo, nesse fogo de artifício de estilos em Rabelais: prosa, verso, enumerações engraçadas, discursos científicos parodiados, meditações, alegorias, cartas, descrições realistas, diálogos, monólogos, pantomimas... Falar de uma democratização da língua não explica em nada essa riqueza de formas, virtuosa, exuberante, lúdica, eufórica e muito *artificial* (artificial não quer dizer preciosa). A riqueza formal do romance de Rabelais é sem igual. Eis uma dessas possibilidades esquecidas na evolução posterior do romance. Só encontraremos isso três séculos e meio mais tarde, em James Joyce.

G. S. — Em oposição a esse "esquecimento" de Rabelais por parte dos romancistas franceses, Rabelais é uma referência essencial para numerosos romancistas estrangeiros: você mencionou Joyce, tudo bem, poderíamos pensar em Gadda, mas também em escritores contemporâneos: Danilo Kis, Carlos Fuentes, Goytisolo ou mesmo você, todos sempre me falaram de Rabelais com o maior fervor. Tudo acontece, portanto, como se essa "origem" do gênero romanesco fosse desconsiderada em seu próprio país, e reivindicada no estrangeiro. Como você explica esse paradoxo?

M. K. — Só ouso falar do aspecto mais superficial desse paradoxo. O Rabelais que me encantou quando eu tinha mais ou menos dezoito anos é um Rabelais escrito num admirável tcheco moderno. Dado que hoje seu velho francês é dificilmente compreensível, Rabelais será sempre, para um francês, mais mofado, mais arcaico, mais escolar do que para alguém que o conheça através de uma (boa) tradução.

G. S. — Quando Rabelais foi traduzido na Tchecoslováquia? Por quem? Como? E qual foi o destino da tradução?

M. K. — Ele foi traduzido por um pequeno grupo de excelentes romanistas que se chamava La Thélème Bohémienne. A tradução de *Gargantua* apareceu em 1911. O conjunto dos cinco livros foi editado em 1931. A propósito, uma observação: depois da Guerra dos Trinta Anos, o tcheco como língua literária quase desapareceu. Quando a nação começou a renascer (como outras nações centro-europeias) no século XIX, seu desafio era fazer do tcheco uma língua europeia igual às outras. Conseguir levar a cabo a tradução de Rabelais, que brilhante prova da maturidade de uma língua! Realmente, *Gargantua* e *Pantagruel* é um dos mais belos livros que já foram escritos em tcheco. Para a literatura tcheca moderna, a inspiração rabelaisiana foi considerável. O maior modernista do romance tcheco, Vladislav Vancura (morto em 1942, fuzilado pelos alemães), era um rabelaisiano apaixonado.

G. S. — E Rabelais em outros lugares da Europa Central?

M. K. — Seu destino na Polônia foi quase o mesmo que na Tchecoslováquia; a tradução de Tadeusz Boy-Zelenski (também ele fuzilado pelos alemães, em 1941) era magnífica, um dos melhores textos escritos em polonês. E foi esse Rabelais em polonês que enfeitiçou Gombrowicz. Quando ele fala de seus "mestres", numa só frase cita três deles: Baudelaire, Rimbaud e Rabelais. Baudelaire e Rimbaud são uma referência habitual de todos os artistas modernos. Referir-se a Rabelais é mais raro. Os surrealistas franceses não gostavam muito dele. No oeste da Europa Central, o modernismo vanguardista era puerilmente antitradicional e se revelava quase exclusivamente na poesia lírica. O modernismo de Gombrowicz é diferente. É antes de tudo o modernismo do romance. E, além disso, Gombrowicz não queria contestar ingenuamente os valores da tradição, mas sobretudo "reconstruí-los", "reavaliá-los" (no sentido nietzschiano: *Umwertung aller Werte*). Rabelais-Rimbaud como casal, como programa: eis uma verdadeira *Umwertung* dos valores, perspectiva nova, significativa para as maiores personalidades do modernismo tal qual eu o concebo.

G. S. — Na tradição escolar francesa (a que se exprime, por exemplo, nos manuais de literatura), há uma tendência de se levar Rabelais para o "espírito do sério" e fazer dele um simples pensador humanista, em detrimento do caráter de jogo, de exuberância, de fantasia, de obscenidade, de riso, que irriga sua obra: dessa parte "carnavalesca" que Bakhtin valoriza. Como é que você avalia essa redução, ou essa mutilação? Devemos ver nisso uma recusa desse caráter de ironia contra todas as ortodoxias, todos os pensamentos positivos, que caracteriza, segundo você, a própria essência do gênero romanesco?

M. K. — É ainda pior do que uma recusa da ironia, da fantasia etc. É uma indiferença pela arte, a recusa da arte, a alergia pela arte, uma "misomusia"; desviamos a obra de Rabelais de toda reflexão estética. Tendo em vista que a historiografia e a teoria literárias se tornam cada vez mais misomusas, só os escritores podem dizer alguma coisa interessante sobre Rabelais. Uma pequena lembrança: numa entrevista, perguntaram a Salman Rushdie o que ele mais gostava na literatura francesa; ele respondeu: "Rabelais e *Bouvard e Pécuchet*". Esta resposta diz mais do que os longos capítulos de manuais. Porque *Bouvard e Pécuchet*? Porque é outro Flaubert, diferente daquele de *Educação sentimental* ou de *Madame Bovary*. Porque é o Flaubert do não sério. E por que Rabelais? Porque ele é o pioneiro, o fundador, o gênio do não sério na arte do romance. Por essas duas referências, Rushdie valoriza o próprio princípio do *não sério* que é precisamente uma das possibilidades da arte do romance que, durante toda a sua história, permaneceu negligenciada.

(1994)

O SONHO DE HERANÇA INTEGRAL
EM BEETHOVEN

Eu sei, Haydn e Mozart já ressuscitavam de tempos em tempos a polifonia em suas composições clássicas. No entanto, em Beethoven, a mesma ressurreição me parece muito mais obstinada e refletida: penso em suas últimas sonatas para piano; a opus 106, *für Hammerklavier*, cujo último movimento é uma fuga com toda a velha riqueza polifônica, mas animada pelo espírito da nova época: mais longa, mais complexa, mais sonora, mais dramática, mais expressiva.

A sonata opus 110 me encanta ainda mais: a fuga faz parte do terceiro (último) movimento; este é introduzido por uma curta passagem de alguns compassos designada como *recitativo* (nela a melodia perde seu caráter de canto e torna-se palavra; exacerbada, com um ritmo irregular, consistente sobretudo na repetição das mesmas notas em duplas colcheias, em tríplices colcheias); segue uma composição em quatro partes. A primeira: um arioso (inteiramente homofônico: uma melodia *una corda*, acompanhada de acordes da mão esquerda; espírito *classicamente* sereno); a segunda: a fuga; a terceira: variação do mesmo arioso (a mesma melodia se torna expressiva, chorosa, tristonha; o espírito *romantica-*

mente atormentado); a quarta: continuação da mesma fuga, com o tema invertido (ela vai do *piano* ao *forte* e nos quatro últimos compassos se transforma em homofonia destituída de qualquer traço polifônico).

Portanto, no curto espaço de dez minutos, esse terceiro movimento (incluindo seu curto prólogo *recitativo*) se distingue por uma extraordinária *heterogeneidade* de emoções e de formas; no entanto, o ouvinte não se dá conta, já que essa complexidade tem um ar natural e simples. (Que isso sirva de exemplo: as inovações formais dos grandes mestres têm sempre alguma coisa de discreto; assim é a verdadeira perfeição; é apenas nos pequenos mestres que a novidade quer se fazer notar.)

Ao introduzir a fuga (forma-modelo da polifonia) na sonata (forma-modelo da música do classicismo), Beethoven parece ter posto a mão na cicatriz ocasionada pela passagem entre duas grandes épocas: aquela que vai da primeira polifonia, no século XII, até Bach, e a seguinte, fundada pelo que costumamos chamar de homofonia. Como se ele se perguntasse: a herança da polifonia ainda me pertence? E se pertencesse, como a polifonia, que exige que cada uma das vozes seja perfeitamente audível, poderia se acomodar na descoberta recente da orquestra (assim como a transformação do velho modesto piano em *Hammerklavier*), cuja rica sonoridade não permite mais distinguir separadamente cada uma das vozes? E como o espírito sereno da polifonia poderia resistir à subjetividade emotiva da música nascida com o classicismo? Essas duas concepções da música tão opostas poderiam coexistir? E coexistir na mesma obra (a sonata opus 106)? E, mais estreitamente ainda, no mesmo movimento (o último movimento da opus 110)?

Imagino que Beethoven escrevia suas sonatas sonhando ser o herdeiro de *toda* a música europeia, desde seu princípio. Esse sonho que atribuo a ele, o sonho da grande síntese (síntese de duas épocas aparentemente irreconciliáveis), só encontrou sua plena realização cem anos mais tarde, com os maiores compositores do modernismo, notadamente em Schönberg e em Stravinski, que eram, apesar de seus caminhos totalmente opostos (ou que Adorno quis ver como totalmente opostos*), não apenas (somente) os continuadores de seus precursores imediatos, mas também, e isso de forma totalmente consciente, os *herdeiros integrais* (e provavelmente os últimos) *de toda a história da música.*

---

* Falo da relação entre Stravinski e Schönberg de modo detalhado em "Improvisação em homenagem a Stravinski" (terceira parte dos *Testamentos traídos*): toda a obra de Stravinski é um grande resumo da história da música europeia na forma de uma longa viagem vinda do século XII até o século XX. Schönberg também abraça em sua música a experiência de toda a história da música, não da maneira stravinskiana, "horizontal", "épica", divagadora, mas unicamente na síntese de seu "sistema de doze sons". Adorno opõe essas duas estéticas como inteiramente contraditórias. Ele não vê aquilo que, de longe, as aproxima. (N. A.)

O ARQUIRROMANCE, CARTA ABERTA PELO ANIVERSÁRIO DE CARLOS FUENTES

Meu Caro Carlos,

É um aniversário para você, e para mim também: setenta anos depois de seu nascimento e trinta anos precisamente desde o dia em que o encontrei pela primeira vez, em Praga. Você veio, alguns meses depois da invasão russa, com Julio Cortázar, com Gabriel García Márquez, para expressar sua preocupação conosco, escritores tchecos. Alguns anos mais tarde, eu me instalei na França, onde na época você era embaixador do México. Nós nos encontrávamos bastante e conversávamos. Um pouco sobre política, muito sobre romance. Em especial sobre esse segundo assunto, nós estávamos muito próximos um do outro.

Falávamos então do espantoso parentesco entre a sua América Latina e a minha pequena Europa Central, as duas partes do mundo igualmente marcadas pela memória histórica do barroco que torna um escritor hipersensível à sedução da imaginação fantástica, feérica, onírica. E o outro ponto comum: nossas duas partes do mundo desempenharam um papel decisivo na evolução do romance do século xx, do romance moderno, digamos, pós-proustiano: de início, durante os anos 1910, 1920, 1930, graças à plêiade de grandes romancistas da minha parte da Europa: Kafka, Musil, Broch, Gombrowicz... (nós ficamos surpresos de ter por Broch a mesma admiração, maior, me parece, que a que sentiam por ele seus compatriotas; e diferente: em nossa opinião, ele abriu novas possibilidades estéticas para o romance; ele era, portanto, a princípio, o autor de *Os sonâmbulos*); depois, durante os anos 1950, 1960, 1970, graças a uma outra grande plêiade que, em sua parte do mundo, continuava a transformar a estética do romance: Juan Rulfo, Carpentier, Sabato, depois você e seus amigos...

Duas fidelidades nos determinavam: fidelidade à revolução da arte moderna no século XX e fidelidade ao romance. Duas fidelidades nada convergentes. Pois a vanguarda (a arte moderna em sua versão ideologizada) sempre relegou o romance para fora do modernismo, considerando-o como superado, irrevogavelmente convencional. Se, mais tarde, nos anos 1950-60, as vanguardas atrasadas quiseram criar e proclamar seu modernismo romanesco, elas conseguiram isso pelo caminho de uma pura negatividade: um romance *sem* personagem, *sem* intriga, *sem* história, se possível *sem* pontuação, romance que então se deixou chamar *antirromance*.

Curioso: aqueles que criaram a poesia moderna não pretendiam fazer a *antipoesia*. Ao contrário, a partir de Baudelaire, o modernismo poético aspirava aproximar-se radicalmente da essência da poesia, sua mais profunda especificidade. Nesse sentido, imaginei o romance moderno não como *antirromance*, mas como *arquirromance*. O arquirromance: *primo*, ele se concentra sobre aquilo que só o romance pode dizer; *secundo*, ele faz reviver todas as possibilidades negligenciadas e esquecidas que a arte do romance acumulou durante os quatro séculos de sua história. Há 25 anos li sua *Terra nostra*. Li um arquirromance. Prova que isso existia, que isso podia existir. A grande modernidade do romance. Sua fascinante e difícil novidade.

Um grande abraço, Carlos!

Milan

* * *

Escrevi essa carta para o *Los Angeles Times*, em 1998. Hoje, o que poderia acrescentar-lhe? Essas poucas palavras a respeito de Broch.

Em seu destino, toda a tragédia da Europa de seu tempo está gravada: em 1929, o ano em que completa 43 anos, ele se põe a escrever *Os sonâmbulos*, uma trilogia romanesca que ele termina em 1932. Quatro anos luminosos no meio de sua vida! Cheio de orgulho, seguro de si, ele considera então a poética de *Os sonâmbulos* como "um fenômeno inteiramente original" (carta de 1931) que inaugura "uma nova fase na evolução literária" (carta de 1930). Não estava enganado. Mas, mal terminado *Os sonâmbulos*, ele vê que na Europa "a travessia do nada começa" (carta de 1934) e o sentimento da "inutilidade de toda a literatura nesses tempos de horror" (carta de 1936) toma conta dele; ele é preso, depois forçado a emigrar para a América (nunca mais verá a Europa), e é durante esses anos negros que escreve *A morte de Virgílio*, inspirado pela lenda segundo a qual Virgílio decidiu destruir sua *Eneida*: eis um sublime adeus à arte do romance escrito em forma de romance, e ao mesmo tempo, para ele, uma "preparação particular para a morte" (carta de 1946). Na verdade, salvo algumas alterações (sempre excelentes) de velhos textos, ele abandona a literatura, essa "atividade de sucesso e de vaidade" (carta de 1950) e se retira até a sua morte (em 1951) para seu escritório de sábio. Os universitários e os filósofos (inclusive Hannah Arendt), fascinados pelo *páthos* moral de sua abnegação estética, se interessam muito mais por suas atitudes e ideias do que por sua arte. É lastimável, pois não são seus trabalhos de sábio que sobreviverão, mas seus romances, e sobretudo *Os sonâmbulos*, com sua poética "inteiramente original", em que Broch compreendeu a modernidade romanesca como a experimentação das grandes sínteses de possibilidades formais, sínteses jamais ousadas antes. Ao longo de todo o ano de 1999, o *Frankfurter Allgemeine Zeitung* fez uma enquete com escritores do mundo inteiro; cada semana um deles devia designar a obra literária que considerava a mais importante do século (e justificar sua escolha). Fuentes escolheu *Os sonâmbulos*.

A RECUSA INTEGRAL DA HERANÇA
OU IANNIS XENAKIS
(texto publicado em 1980 com
dois interlúdios de 2008)

1

Foi dois ou três anos após a invasão russa da Tche-coslováquia. Fiquei apaixonado pela música de Varèse e de Xenakis.

Eu me pergunto por quê. Por esnobismo de vanguarda? Na minha vida solitária daquela época, o esnobismo teria sido desprovido de sentido. Por interesse de expert? Se eu podia a rigor compreender a estrutura de uma composição de Bach, ficava, diante da música de Xenakis, completamente desarmado, não instruído, não iniciado, um ouvinte, portanto, inteiramente ingênuo. No entanto, senti um prazer sincero com a audição de suas obras, que escutei com paixão. Precisava delas: elas me trouxeram um bizarro alívio.

Sim, a palavra escapou. Encontrei na música de Xenakis um alívio. Aprendi a amá-la durante a época mais negra de minha vida e de meu país natal.

Mas por que eu procurava o alívio em Xenakis e não na música patriótica de Smetana, na qual poderia encontrar a ilusão de perenidade de minha nação que acabava de ser condenada à morte?

O desencantamento causado pela catástrofe que atingiu meu país (catástrofe cujas consequências serão seculares) não se limitava mais aos acontecimentos políticos: esse desencantamento dizia respeito ao homem como tal, homem com sua crueldade, mas também com o álibi infame do qual se serve para dissimular essa crueldade, o homem sempre pronto a justificar sua barbárie por seus sentimentos. Eu compreendia que a agitação sentimental (na vida privada tanto quanto na pública) não está em contradição com a brutalidade, mas se confunde com ela, faz parte dela...

2

Acrescento em 2008: Ao ler em meu velho texto as frases sobre "minha nação que acabava de ser condenada à morte" e "a catástrofe que atingiu meu país [...] e cujas consequências serão seculares", quis suprimi-las com toda espontaneidade, já que hoje elas só poderiam parecer absurdas. Depois, me contive. Achei ligeiramente desagradável que minha memória tenha querido se censurar. Tais são os Esplendores e Misérias da memória: ela é orgulhosa de saber guardar com fidelidade a sequência lógica dos acontecimentos passados; mas, quanto à maneira como nós os vivenciamos, ela não se sente presa por nenhum dever com a verdade. Ao querer suprimir essas pequenas passagens, ela não se sentia culpada por alguma mentira. Se ela quis mentir, não teria sido em nome da verdade? Pois não é evidente, hoje, que nesse meio-tempo a história fez da ocupação russa da Tchecoslováquia um simples episódio que o mundo já esqueceu?

Claro. No entanto, esse episódio, eu e meus amigos o vivemos como uma catástrofe sem esperança. E, se esquecemos nosso estado de alma da época, não podemos compreender nada, nem o sentido dessa época, nem suas consequências. Nosso desespero não era o regime comunista. Os regimes chegam e passam. Mas as fronteiras das civilizações permanecem. E nós nos sentimos engolidos por outra civilização. No interior do império russo tantas outras nações estavam perdendo até sua língua e sua identidade. E eu de repente me dei conta dessa evidência (dessa *espantosa evidência*): a nação tcheca não é imortal; ela também pode não ser. Sem essa ideia obsessiva, minha estranha ligação com Xenakis seria incompreensível. Sua música me reconciliou com a inelutabilidade da finitude.

3

Retomada do texto de 1980: A propósito dos sentimentos que justificam a crueldade humana, lembro-me de uma reflexão de Carl Gustav Jung. Em sua análise de *Ulysses*, ele chama James Joyce de "o profeta da insensibilidade": "Nós possuímos", escreve ele, "alguns pontos de apoio para compreender que nosso engano sentimental tomou proporções realmente inconvenientes. Pensemos no papel realmente catastrófico dos sentimentos populares em tempos de guerra [...]. O sentimentalismo é uma superestrutura da brutalidade. Estou persuadido de que somos prisioneiros [...] do sentimentalismo e que, depois disso, nós devemos achar perfeitamente admissível que apareça em nossa civilização um profeta da insensibilidade compensadora".

Apesar de ser um "profeta da insensibilidade", James Joyce pode continuar sendo um romancista. Penso mesmo que ele poderia encontrar na história do romance os predecessores de sua "profecia". O romance como categoria estética não está necessariamente ligado à concepção sentimental do homem. A música, ao contrário, não pode escapar dessa concepção.

Um Stravinski fez bem em recusar a música como expressão de sentimentos; o ouvinte ingênuo não sabe compreendê-la de outra forma. É a maldição da música, é seu lado tolo. Basta um violinista tocar as três primeiras longas notas de um largo para que um ouvinte sensível suspire: "Ah, que beleza!". Nessas três primeiras notas que provocaram emoção não existe nada, nenhuma invenção, nenhuma criação, absolutamente nada: o mais ridículo "engano sentimental". Mas ninguém está a salvo dessa percepção da música, desse suspiro bobo que ela suscita.

A música europeia é baseada no som artificial de uma nota e de uma sequência; assim, ela se situa no oposto da sonoridade *objetiva* do mundo. Desde seu nascimento, ela está ligada, por uma convenção intransponível, à necessidade de exprimir uma *subjetividade*. Ela se opõe à sonoridade bruta do mundo exterior como a alma sensível se opõe à insensibilidade do universo.

Mas pode chegar o momento (na vida de um homem ou de uma civilização) em que o sentimentalismo (considerado até então como uma força que torna o homem mais humano e que disfarça a frieza da razão) de repente é desvendado como a "superestrutura da brutalidade", sempre presente no ódio, na vingança, no entusiasmo das vitórias sangrentas. Foi então que a música apareceu para mim como o ruído ensurdecedor das emoções, enquanto o mundo de ruídos das composições de Xenakis tornou-se beleza; a beleza lavada da sujeira afetiva, desprovida da barbárie sentimental.

4

Acrescento em 2008: Por pura coincidência, nestes dias em que penso em Xenakis, leio um livro de um jovem escritor austríaco, Thomas Glavinic: *Le travail de la nuit*. O homem de trinta anos, Jonas, acorda uma manhã e o mundo que ele encontra está vazio, sem seres humanos; seu apartamento, as ruas, as lojas, os cafés, tudo está ali, imutável, como antes, com todos os traços daqueles que, ainda ontem, moravam ali, mas não moram mais. O romance conta a peregrinação de Jonas através desse mundo abandonado, a pé, depois em carros que vai trocando, que estão todos ali, sem motoristas, à sua disposição. Durante alguns meses, antes de se suicidar, ele percorre assim o mundo procurando desesperadamente os traços de sua vida, suas próprias lembranças e mesmo as lembranças dos outros. Ele olha as casas, os castelos, as florestas, e pensa nas inumeráveis gerações que os viram e que não estão mais lá; e compreende que tudo que vê é o esquecimento, nada além do esquecimento, esquecimento que chegará ao absoluto logo depois, assim que ele próprio não estiver mais lá. E penso de novo nessa evidência (nessa *espantosa evidência*) de que tudo o que existe (a nação, o pensamento, a música) pode também não existir.

5

Retomada do texto de 1980: Mesmo sendo "profeta da insensibilidade", Joyce poderia continuar sendo romancista; Xenakis, ao contrário, teve que *sair da música*. Sua inovação tem outro caráter que a de Debussy ou de Schönberg. Estes jamais perderam a ligação com a história da música; eles podiam sempre "voltar atrás" (e muitas vezes voltaram). Para Xenakis, as pontes estavam rompidas. Olivier Messiaen disse: a música de Xenakis "não é radicalmente nova, mas radicalmente outra". Xenakis não se opõe a uma *fase precedente* da música. Ele se afasta de toda a música europeia, do *conjunto de sua herança*. Ele estabelece seu ponto de partida noutro lugar: não no som artificial de uma nota que se separou da natureza para exprimir uma subjetividade humana, mas no ruído do mundo, na "massa sonora" que não jorra do interior do coração, mas vem até nós do exterior como os passos da chuva, o barulho de uma fábrica ou o grito de uma multidão.

Suas experimentações com os sons e os ruídos que se encontram acima das notas e das escalas poderiam fundar um novo período da história da música? Será que elas ficarão muito tempo na memória dos melômanos? Nada é menos certo. O que ficará é o gesto de uma imensa recusa: pela primeira vez, alguém ousou dizer à música europeia que é possível abandoná-la. Esquecê-la. (Foi por acaso que Xenakis, durante sua juventude, pôde conhecer a natureza humana como jamais nenhum outro compositor a conheceu? Passar pelos massacres de uma guerra civil, ser condenado à morte, ter seu belo rosto marcado para sempre por uma cicatriz...) E penso na necessidade, no sentido profundo dessa necessidade, que conduziu Xenakis a tomar partido da sonoridade objetiva do mundo contra aquela da subjetividade de uma alma.

V
BELO COMO UM ENCONTRO MÚLTIPLO

ENCONTRO LENDÁRIO

Em 1941, partindo para a imigração nos Estados Unidos, André Breton para na Martinica; durante alguns dias, é detido pela administração de Vichy; depois, liberado, passeando em Fort-de-France, ele descobre num armarinho uma pequena revista local, *Tropiques*; fica encantado; nesse momento sinistro de sua vida, ela lhe aparece como a luz da poesia e da coragem. Rapidamente, ele entra em contato com a equipe da redação, alguns jovens entre vinte e trinta anos, reagrupados em torno de Aimé Césaire, e passa o tempo todo com eles. Prazer e encorajamento para Breton. Inspiração estética e fascinação inesquecível para os martinicanos.

Alguns anos mais tarde, em 1945, Breton, no caminho de volta para a França, para brevemente em Porto Príncipe, no Haiti, onde faz uma conferência. Todos os intelectuais da ilha estão ali, entre eles os jovens escritores Jacques Stephen Alexis e René Depestre. Eles o escutam, tão fascinados quanto os martinicanos alguns anos antes. A revista deles, *La Ruche* (ainda uma revista! Sim, era então a grande época das revistas, época que não existe mais), consagra um número especial a Breton; o número é apreendido, a revista proibida.

Para os haitianos, o encontro foi tão fugaz quanto inesquecível. Eu disse encontro, não convivência, não amizade, nem mesmo aliança; encontro, quer dizer: fagulha, raio, acaso. Alexis tem então 23 anos; Depestre, dezenove; eles só têm informações superficiais sobre o surrealismo, não sabendo nada, por exemplo, de sua situação política (a ruptura no interior do movimento). Intelectualmente tão ávidos quanto virgens, eles ficam seduzidos por Breton, por sua atitude de revolta, pela liberdade de expressão que norteia sua estética.

Alexis e Depestre fundam em 1946 o Partido Comunista Haitiano e aquilo que escrevem é de orientação revolucionária; essa literatura era então praticada no mundo inteiro onde, em toda parte, ela estava sob influência obrigatória da Rússia e de seu "realismo socialista". Ora, para os haitianos, o mestre não é Gorki, mas Breton. Eles não falam do realismo socialista; sua divisa é a literatura "do maravilhoso" — ou do "real maravilhoso". Logo depois, Alexis e Depestre serão forçados a emigrar. Mais tarde, em 1961, Alexis volta ao Haiti com a intenção de continuar o combate. Ele é preso, torturado, morto. Tem 39 anos.

BELO COMO UM ENCONTRO MÚLTIPLO

Césaire. Ele é o grande fundador: o fundador da *política* da Martinica que, antes dele, não existia. Mas ele é ao mesmo tempo o fundador da *literatura* martinicana; seu *Cahier d'un retour au pays natal* (poema inteiramente original que eu não saberia comparar a nada, "o maior monumento lírico desta época", segundo Breton) é tão fundamental para a Martinica (certamente, para todas as Antilhas) quanto Pan Tadeusz de Mickiewicz (1798-1855) para a Polônia, ou a poesia de Petöfi (1823-49) para a Hungria. Em outras palavras,

Césaire é duplamente fundador; duas fundações (política e literária) se encontram na sua pessoa. Mas, ao contrário de Mickiewicz ou de Petöfi, ele não é apenas poeta-fundador, ele é ao mesmo tempo poeta moderno, herdeiro de Rimbaud e de Breton. Duas épocas diferentes (a do começo e a do apogeu) se abraçam maravilhosamente em sua obra de poeta.

A revista *Tropiques*, cujos nove números foram editados entre 1941 e 1945, trata sistematicamente de três assuntos principais que, lado a lado, aparecem também como um encontro singular que não aconteceu em nenhuma outra revista de vanguarda no mundo:

1) *emancipação martinicana, cultural e política*: a atenção para a cultura africana, sobretudo para a da África negra; a incursão no passado da escravatura; os primeiros passos do pensamento da "negritude" (é Césaire que lança o termo, como desafio, inspirado pela conotação de menosprezo da palavra "negro"); o panorama da situação cultural e política da Martinica; as polêmicas anticlericais e contrárias a Vichy;

2) *pedagogia da poesia e da arte modernas*: a exaltação dos heróis da poesia moderna: Rimbaud, Lautréamont, Mallarmé, Breton; a partir do terceiro número, a orientação francamente surrealista (assinalemos que esses jovens, apesar de fortemente politizados, não sacrificam a poesia à política: o surrealismo é para eles, primeiramente, um movimento de arte); a identificação com o surrealismo é apaixonada de modo juvenil: "o maravilhoso é sempre belo, todo maravilhoso é belo, não há nada além do maravilhoso que seja belo", diz Breton, e a palavra "maravilhoso" torna-se para eles uma espécie de senha; o modelo sintáxico das frases de Breton ("a beleza será convulsiva ou não será") é muitas vezes imitado da fórmula de Lautréamont ("belo como o encontro fortuito entre uma máquina de costura e um guarda-chuva sobre uma mesa de dissecação"); Césaire: "A poesia de Lautréamont, bela como um decreto de expropriação" (e mesmo Breton: "A palavra de Aimé Césaire, bela como o oxigênio nascente") etc.

3) *fundação* do *patriotismo martinicano*: o desejo de abraçar a ilha como sua casa, como uma pátria que precisa ser conhecida a fundo: um longo texto sobre a fauna da Martinica; um outro sobre a flora martinicana e sobre a origem de sua denominação; mas sobretudo a arte popular: publicação e comentários de contos crioulos.

Sobre a arte popular, esta observação: na Europa, ela foi descoberta pelos românticos, Brentano, Armin, os irmãos Grimm, e Liszt, Chopin, Brahms, Dvořák; pensamos que para os modernistas ela perdeu seu encanto; é um erro; não apenas Bartók e Janáček, mas também Ravel, Milhaud, Falla, Stravinski gostavam da música popular na qual descobriram tonalidades esquecidas, ritmos desconhecidos, uma brutalidade, um imediatismo que a música das salas de concerto tinha perdido havia muito tempo; ao contrário dos românticos, a arte popular confirmou para os modernistas seu não conformismo estético. A atitude dos artistas martinicanos é semelhante: o lado fantástico dos contos folclóricos se confunde para eles com a liberdade de imaginação celebrada pelos surrealistas.

ENCONTRO ENTRE UM GUARDA-CHUVA EM PERPÉTUA EREÇÃO E UMA MÁQUINA DE COSTURAR UNIFORMES

Depestre. Leio o conjunto de contos de 1981 com o título sintomático *Aleluia pour une femme-jardin*. Erotismo de Depestre: todas as mulheres transbordam tanto de sexualidade que até os postes viram-se, todos excitados, para olhá-las. E os homens ficam tão ávidos que estão prontos a fazer amor durante uma conferência científica, durante uma intervenção cirúrgica, numa cápsula espacial, num trapézio. Tudo isso por puro prazer; não há problemas psicológicos, morais, existenciais, estamos num universo em que vício e inocência são uma só e única coisa. Em geral, tamanha embriaguez lírica me entedia; se alguém tivesse me falado dos livros de Depestre antes que eu os lesse, eu não os teria aberto.

Felizmente, eu os li sem saber o que leria e me aconteceu a melhor coisa que poderia acontecer a um leitor; gostei daquilo de que, por convicção (ou por natureza), eu não deveria gostar. Se alguém apenas um pouco menos dotado que ele quisesse exprimir a mesma coisa, conseguiria apenas uma caricatura; mas Depestre é um verdadeiro poeta, ou, para dizê-lo à moda das Antilhas, um verdadeiro mestre do maravilhoso: ele conseguiu inscrever no mapa existencial do homem aquilo que até então não estava inscrito, os limites quase inacessíveis do erotismo feliz e espontâneo, da sexualidade tão desabrida quanto paradisíaca.

Depois li outros contos dele, da coleção intitulada *Éros dans un train chinois*, e detenho-me em algumas histórias que se passam nos países comunistas que abriram os braços para este revolucionário expulso de sua pátria. Com espanto e ternura, imagino hoje esse poeta haitiano, com a cabeça cheia de loucas fantasias eróticas, atravessando o deserto stalinista nos seus piores anos, quando reinava um puritanismo inacreditável e a menor liberdade erótica era severamente punida.

Depestre e o mundo comunista: o encontro entre um guarda-chuva em perpétua ereção e uma máquina de costurar uniformes e lençóis. Ele conta suas histórias amorosas: com uma chinesa que, por causa de uma noite de amor, é banida por nove anos em um leprosário no Turquestão; com uma iugoslava que teve a cabeça raspada, como acontecia, na época, a todas as iugoslavas consideradas culpadas por dormir com um estrangeiro. Leio hoje esses poucos contos e, de repente, todo o nosso século parece irreal, improvável, como se não passasse da negra fantasia de um poeta negro.

O MUNDO NOTURNO

"Os escravos das plantações do Caribe haviam conhecido dois mundos diferentes. Havia o mundo do dia: era o mundo branco. Havia o mundo da noite: era o mundo africano, com sua magia, seus espíritos, seus verdadeiros deuses. Neste mundo, homens em farrapos, humilhados durante o dia, se metamorfoseavam — a seus olhos e aos olhos de seus companheiros — em reis, feiticeiros, curandeiros, seres que se comunicavam com as verdadeiras forças da terra e eram detentores do poder absoluto. [...] Para o não iniciado, para o proprietário de escravos, o mundo africano da noite poderia parecer um mundo de fingimento, um mundo pueril, um carnaval. Mas para o africano [...] este era o único mundo verdadeiro; que transformava os homens brancos em fantasmas e fazia da vida nas plantações uma simples quimera."

Foi depois de ter lido estas poucas linhas de Naipaul, ele também originário das Antilhas, que, subitamente, me dei conta de que os quadros de Ernest Breleur são todos quadros da noite. A noite é o único cenário, o único capaz de mostrar o "verdadeiro mundo" que se encontra do outro lado do dia enganador. E compreendo que esses quadros só poderiam nascer aqui, nas Antilhas, onde o passado da escravidão permanece sempre dolorosamente gravado naquilo que chamávamos outrora de inconsciente coletivo.

E, todavia, se o primeiro período de sua pintura é intencionalmente calcado na cultura da África, se percebo nela os motivos originários da arte popular africana, os períodos posteriores são cada vez mais pessoais, livres de qualquer programa. E eis o paradoxo: é justamente nessa pintura, a mais pessoal possível, que a identidade negra de um martinicano está presente em toda a sua brilhante evidência: essa pintura é, *primo*, o mundo do reino noturno; é, *secundo*, o mundo em que tudo se transforma em mito (tudo, cada pequeno objeto familiar, incluindo aquele cachorrinho de Ernest que encontramos em muitos quadros, transformado em animal mitológico); e é, *tertio*, o mundo da crueldade: como se o inapagável passado da escravidão voltasse em forma de obsessão do corpo: corpo dolorido, corpo torturado e torturável, ferível e ferido.

A CRUELDADE E A BELEZA

Falamos de crueldade e ouço Breleur dizer com sua voz calma: "Apesar de tudo, na pintura, deve-se tratar antes de tudo de beleza". O quê, na minha opinião, quer dizer: a arte deve sempre evitar provocar emoções extraestéticas: excitações, terrores, repulsas, choques. A foto de uma mulher nua que urina pode provocar uma ereção, mas não creio que poderíamos tirar o mesmo proveito de *La pisseuse* de Picasso, apesar de ser um quadro soberbamente erótico. Diante do filme de um massacre desviamos o olhar, enquanto diante de *Guernica*, apesar de o quadro contar o mesmo horror, o olhar se encanta.

Corpos sem cabeça, suspensos no espaço, eis os últimos quadros de Breleur. Depois, olho suas datas: à medida que o trabalho desse ciclo avança, o tema do corpo abandonado no vazio perde seu traumatismo original; o corpo mutilado, jogado no vazio, é cada vez menos sofredor, e se parece, de um quadro para o outro, com um anjo perdido no meio das estrelas, com um convite mágico vindo de longe, com uma tentação carnal, com uma acrobacia lúdica. O tema original passa, no decorrer de inumeráveis variantes, do domínio da crueldade para o domínio (para reutilizar esta palavra-senha) do maravilhoso.

Conosco, no ateliê, está também Vera, minha mulher, e Alexandre Alaric, um filósofo martinicano. Como sempre antes da refeição, bebemos *punch*. Depois, Ernest prepara o almoço. Na mesa há seis lugares. Por que seis? No último momento chega Ismaël Mundaray, um pintor venezuelano; começamos a comer. Mas, estranhamente, o sexto lugar continua vazio até o fim do almoço. Muito mais tarde a mulher de Ernest volta do trabalho, uma mulher bonita e, isto se percebe imediatamente, amada. Partimos no carro de Alexandre; Ernest e sua mulher estão em frente à casa e nos acompanham com os olhos; tenho a impressão de que é um casal ansiosamente unido, cercado por uma imensa aura de solidão. "Vocês compreenderam o mistério do sexto lugar?", nos perguntou Alexandre, quando desaparecemos do olhar deles. "Ele deu a Ernest a ilusão de que sua mulher estava conosco."

A CASA E O MUNDO

"Eu digo que estamos sufocando. Princípio de uma saudável política antilhana: abrir as janelas. Ar. Mais ar", escreve Césaire em 1944 em *Tropiques*.

Em que direção abrir as janelas?

Em primeiro lugar em direção à França, diz Césaire; pois a França é a Revolução, é Schoelcher; é também Rimbaud, Lautréamont, Breton; é uma literatura, uma cultura digna do maior amor. Depois, em direção ao passado africano, amputado, confiscado e que guarda a essência escondida da personalidade martinicana.

As gerações seguintes contestarão muitas vezes essa orientação franco-africana de Césaire, insistindo na americanização da Martinica; na sua *"créolitude"* (que conhece o leque de todas as cores de pele e uma língua específica); em seus laços com as Antilhas e toda a América Latina.

Pois cada povo em busca de si mesmo se pergunta onde se encontra o degrau intermediário entre sua casa e o mundo, onde se encontra, entre os contextos nacional e mundial, aquilo que chamo de *contexto mediano*. Para um chileno, é a América Latina; para um sueco, é a Escandinávia. Evidentemente. Mas para um austríaco? Onde se situaria o degrau? No mundo germânico? Ou no da Europa Central multinacional? Todo o sentido de sua existência dependia da resposta a esta pergunta. Quando, depois de 1918, e, ainda mais radicalmente, depois de 1945, saída do contexto centro-europeu, ela se voltou para si mesma ou para a sua germanidade, não era mais aquela brilhante Áustria de Freud e de Mahler, era uma outra Áustria e com uma influência cultural consideravelmente restrita. É o mesmo dilema para a Grécia, que habita ao mesmo tempo o mundo europeu-oriental (tradição de Bizâncio, Igreja Ortodoxa, orientação russófila) e o mundo europeu-ocidental (tradição greco-latina, ligação forte com a Renascença, modernidade). Em polêmicas apaixonadas, os austríacos ou os gregos podem contestar uma orientação em proveito de outra, mas com certo recuo diremos: existem nações cuja identidade é caracterizada pela dualidade, pela complexidade de seu contexto mediano, e é precisamente nisso que reside sua originalidade.

A propósito da Martinica, direi a mesma coisa: é a coexistência de diferentes contextos medianos que criam a originalidade de sua cultura. A Martinica: interseção múltipla, encruzilhada dos continentes, um pequeno pedaço de terra onde a França, a África e a América se encontram.

Sim, é belo. Muito belo, só que a França, a África e a América não se importam. No mundo de hoje, mal se ouve a voz dos pequenos.

A Martinica: o encontro de uma grande complexidade cultural e de uma grande solidão.

A LÍNGUA

A Martinica é bilíngue. Há o crioulo, a língua de todos os dias nascida no tempo da escravidão, há (da mesma forma que em Guadalupe, na Guiana e no Haiti) a língua francesa ensinada na escola, e que a intelligentsia ensina com perfeição quase vingativa. (Césaire "manipula a língua francesa como nenhum branco hoje consegue fazer", *dixit* Breton.)

Quando se pergunta a Césaire, em 1978, por que *Tropiques* não foi escrita em crioulo, ele responde: "É uma pergunta que não faz sentido, porque uma tal revista não seria concebível em crioulo [...]. O que temos a dizer, nem mesmo sei se é formulável em crioulo [...]. O crioulo, incapaz de expressar ideias abstratas [... é] unicamente uma língua oral".

Não se pode negar que é uma tarefa delicada escrever um romance martinicano numa língua que não engloba toda a realidade da vida cotidiana. Daí a escolha de soluções: romance em crioulo; romance em francês; romance em francês enriquecido de palavras em crioulo explicadas em notas de rodapé; e ainda a solução de Chamoiseau:

Este tomou em relação ao francês uma liberdade que nenhum escritor na França imaginaria ousar tomar. É a liberdade de um escritor brasileiro em relação ao português, de um escritor hispano-americano em relação ao espanhol. Ou, se quiser, a liberdade de um bilíngue que se recusa a ver em uma de suas línguas autoridade absoluta e que tem coragem de desobedecer. Chamoiseau não fez uma conciliação entre o francês e o crioulo ao misturá-los. Sua língua é o francês, apesar de transformado; não crioulizado (nenhum martinicano fala assim), mas chamoisizado: que lhe dá a encantadora leveza da língua falada, sua cadência, sua melodia; acrescenta-lhe muitas expressões crioulas: não por razões "naturalistas" (para introduzir uma "cor local"), mas por razões *estéticas* (por sua graça, por seu encanto, por sua insubstituível semântica); mas ele sobretudo deu a seu francês a liberdade de construções incomuns, desenvoltas, "impossíveis", a liberdade dos neologismos (uma liberdade que a língua francesa, muito normativa, proveita muito menos que as outras línguas): com desembaraço, ele transforma adjetivos em substantivos (*maximalité, aveuglage*), verbos em adjetivos (*éviteux*), adjetivos em advérbios (*malement, inattendument*) — "*inattendûment?* Esta palavra já tinha sido legitimada por Césaire em *Cahier d'un retour*", protesta Chamoiseau —, verbos em substantivos (*égorgette, raterie, émerveille, disparaisseur*) e substantivos em verbos (*horloger, riviérer*) etc. E sem que todas essas transgressões levem a uma redução da riqueza léxica ou gramatical do francês (ele não ignora nem as palavras livrescas ou arcaicas nem o imperfeito do subjuntivo).

O ENCONTRO ACIMA DOS SÉCULOS

À primeira vista, *Solibo Magnifique* poderia aparecer como um romance exótico, local, concentrado sobre o personagem de um contador de histórias populares, inimaginável em outro lugar. Erro: esse romance de Chamoiseau trata de um dos maiores acontecimentos da história da cultura: o encontro da literatura oral em extinção e da literatura escrita nascente. Na Europa, esse encontro aconteceu no *Decameron* de Boccaccio. Sem o hábito, ainda em uso na época, de contadores que divertiam um grupo, essa primeira grande obra da prosa europeia não poderia existir. Em seguida, até o fim do século XVIII, de Rabelais a Laurence Sterne, o eco da voz do contador não cessou de ressoar nos romances; ao escrever, o escritor *falava* ao leitor, se dirigia a ele, o injuriava, o adulava; por sua vez, ao ler, o leitor *ouvia* o autor do romance. Tudo muda no começo do século XIX; começa então aquilo que chamo de "segundo tempo"* da história do romance: a *palavra* do autor se apaga atrás da escrita.

"Hector Bianciotti, esta palavra é para você", esta é a dedicatória de *Solibo Magnifique*. Chamoiseau insiste: a *palavra*, não a escrita. Ele se vê como herdeiro direto dos contadores, ele não se qualifica como escritor, mas como "impressor da palavra". Sobre o mapa da história supranacional da cultura, ele quer se situar ali onde a palavra pronunciada em voz alta cede lugar à literatura escrita. Em seu romance, o contador imaginário chamado Solibo lhe diz isso: "Eu

---

* O "primeiro tempo" e o "segundo tempo". Falo dessa periodização (toda pessoal) da história do romance (e também da música) nos *Testamentos traídos*, particularmente em "Improvisação em homenagem a Stravinski". Muito esquematicamente: o fim do primeiro tempo da história do romance se confunde, na minha visão, com o fim do século XVIII. O século XIX inaugura uma outra estética romanesca, obedecendo muito mais às regras da verossimilhança. O modernismo romanesco que se liberta dos dogmas do "segundo tempo" poderia ser chamado, se quiserem admitir essa periodização (puramente minha), de "terceiro tempo"... (N. A.)

falava, já você, você escreve anunciando que você vem da palavra". Chamoiseau é o escritor que veio da palavra.

Mas assim como Césaire não é Mickiewicz, Chamoiseau não é Boccaccio. Ele é um escritor com todo o refinamento do romance moderno e é como tal (como neto de Joyce ou de Broch) que estende a mão a Solibo, a essa pré-história oral da literatura. *Solibo Magnifique* é, portanto, um encontro acima dos séculos. "Você me dá a mão acima da distância", diz Solibo a Chamoiseau.

A história de *Solibo Magnifique*: numa praça de Fort-de-France, chamada Savane, Solibo fala diante de um pequeno público (Chamoiseau faz parte dele) que se reuniu ali por acaso. No meio de seu discurso, ele morre. O velho negro Congo sabe: morreu sufocado pela palavra. Esta explicação é pouco convincente para a polícia, que imediatamente toma conta do incidente e se empenha em descobrir o assassino. Seguem-se os interrogatórios assustadoramente cruéis, durante os quais o personagem do contador defunto se revela diante de nós e, sob tortura, dois dos suspeitos morrem. No fim, a autópsia exclui qualquer assassinato: Solibo morreu de uma maneira inexplicável: talvez, realmente, de um engasgo com a palavra.

Nas últimas páginas do livro, o autor publica o discurso de Solibo, aquele durante o qual ele caiu morto. Esse discurso imaginário, de uma verdadeira poesia, é uma iniciação à estética da oralidade: aquilo que Solibo conta não é uma história, são palavras, fantasias, charadas, brincadeiras, é improvisação, é a *palavra automática* (como existe a *"escrita automática"*). E já que se trata da palavra, portanto da "língua antes da escrita", as regras da escrita não exercem ali seu poder; assim, nada de pontuação: o discurso de Solibo é um fluxo sem pontos, sem vírgulas, sem parágrafos, como o longo monólogo de Molly ao final de *Ulysses*. (Ainda um exemplo para mostrar que a arte popular e a arte moderna, em certo momento da história, podem se dar as mãos.)

O INVEROSSÍMIL EM RABELAIS, EM KAFKA, EM CHAMOISEAU

O que me agrada em Chamoiseau é sua imaginação oscilando entre o verossímil e o inverossímil, e eu me pergunto de onde ela vem, onde se encontram suas raízes.

O surrealismo? A imaginação dos surrealistas se desenvolvia sobretudo na poesia e na pintura. Ao passo que Chamoiseau é um romancista, um romancista e nada mais.

Kafka? Sim, ele legitimou a inverossimilhança para a arte do romance. Mas o caráter da imaginação em Chamoiseau é muito pouco kafkiano.

"Senhores e senhoras da companhia", é assim que Chamoiseau abre seu primeiro romance, *Chronique des sept misères*. "Oh, amigos", repete ele muitas vezes dirigindo-se aos leitores de *Solibo Magnifique*. Isso lembra Rabelais, que começa seu *Gargantua* pela apóstrofe: "Bebedores muito ilustres, e vocês, sifilíticos muito refinados". Aquele que fala assim em voz alta a seu leitor, que investe em cada frase com seu espírito, com seu humor, com suas exibições, pode, facilmente, exagerar, mistificar, passar do verdadeiro ao impossível, pois era esse seu contrato, entre o romancista e o leitor, estabelecido na época do "primeiro tempo" da história do romance, quando a voz do contador não estava ainda completamente apagada atrás das letras impressas.

Com Kafka, nos encontramos numa outra época da história do romance. A inverossimilhança nele é sustentada pela descrição; esta é inteiramente impessoal e tão evocadora que o leitor é transportado para o mundo imaginário como se fosse um filme: embora nada se pareça com nossas experiências, o poder da descrição torna tudo crível. No caso de uma tal estética, a voz do contador que fala, que brinca, que comenta, que se exibe, cortaria a ilusão, quebraria o sortilégio. É impossível imaginar que Kafka comece *O castelo* dirigindo-se alegremente aos leitores "Senhores e senhoras da companhia...".

Ao contrário, em Rabelais, a inverossimilhança não provém da desenvoltura do contador. Panurge faz a corte a uma dama, mas ela o repele. Para vingar-se, ele joga sobre suas roupas pedaços do sexo de uma cadela no cio. Todos os cachorros da cidade se atiram sobre ela, correm atrás dela, urinam na sua roupa, nas suas pernas, nas suas costas; depois, chegando em casa, eles urinam tanto na porta de sua residência que, pelas ruas, a urina escorre como um riacho sobre o qual nadam patos.

O cadáver de Solibo está estendido sobre a terra; a polícia quer transportá-lo para o necrotério, mas ninguém consegue levantá-lo. "Solibo tinha chegado a pesar uma tonelada, como os cadáveres dos negros que invejavam a vida." Chamam reforço; Solibo pesa duas toneladas, cinco toneladas. Trazem um guindaste; assim que ele chega, Solibo começa a perder peso. E o chefe da brigada o levanta sustentando-o com "a ponta do dedo mínimo. Enfim, ele se lançou em lentas manipulações cujo tom macabro fascinava todo mundo. Com simples torcidas de pulso, ele passava o cadáver do anelar para o mínimo, do mínimo para o indicador, do indicador para o médio...".

Oh, senhores e senhoras da companhia, oh bebedores muito ilustres, oh, sifilíticos muito refinados, com Chamoiseau vocês estão muito mais próximos de Rabelais do que de Kafka.

SÓ COMO A LUA

Em todos os quadros de Breleur, a lua, em forma de croissant, está em posição horizontal, com suas duas extremidades apontadas para o alto, como uma gôndola flutuando sobre as ondas da noite. Não é uma fantasia do pintor, é realmente assim a lua na Martinica. Na Europa, o croissant está em pé: combativo, semelhante a um pequeno animal feroz que está sentado, pronto a saltar, ou então, se quiser, semelhante a uma foice perfeitamente afiada; a lua na Europa é a lua da guerra. Na Martinica, ela é pacífica. Por isso, talvez, Ernest emprestou-lhe uma cor quente, dourada; em seus quadros míticos, ela representa uma felicidade inacessível.

Bizarro: falo disso com alguns martinicanos e constato que eles não sabem qual é o aspecto concreto da lua no céu. Interrogo os europeus: você se lembra da lua na Europa? Qual é a forma dela quando surge, qual é a forma dela quando vai embora? Eles não sabem. O homem não olha mais o céu.

Abandonada, a lua desceu nos quadros de Breleur. Mas aqueles que não a veem mais no céu também não a verão mais nos quadros. Você é o único, Ernest. Só como a Martinica no meio das águas. Só como a luxúria de Depestre no "mosteiro" do comunismo. Só como um quadro de Van Gogh sob o olhar imbecil dos turistas. Só como a lua que ninguém vê.

(1991)

VI
EM OUTRO LUGAR

O EXÍLIO LIBERTADOR
SEGUNDO VĚRA LINHARTOVÁ

Věra Linhartová era, nos anos 1960, uma das escritoras mais admiradas na Tchecoslováquia, poeta de uma prosa meditativa, hermética, inclassificável. Tendo deixado o país em 1968 para morar em Paris, ela começou a escrever e publicar em francês. Conhecida por sua natureza solitária, surpreendeu todos os amigos quando, no começo dos anos 1990, aceitou o convite do Instituto Francês de Praga e, por ocasião de um colóquio consagrado à problemática do exílio, pronunciou uma comunicação. Eu nunca li, sobre esse assunto, nada mais não conformista e mais lúcido.

A segunda metade do século passado tornou todo mundo extremamente sensível ao destino das pessoas expulsas de seus países. Essa sensibilidade bondosa tornou nebuloso o problema do exílio com um moralismo lacrimoso e ocultou o caráter concreto da vida do exilado que, segundo Linhartová, soube muitas vezes transformar seu banimento num começo liberador "no sentido de outro lugar, desconhecido por definição, aberto a todas as possibilidades". Evidentemente, ela tem mil vezes razão! Senão, como compreender o fato aparentemente chocante de que depois do fim do comunismo quase nenhum dos grandes artistas emigrados apressou-se para retornar a seu país? Como? O fim do comunismo não os estimulou a celebrar em seu país natal a festa do Grande Retorno? E mesmo se, para a decepção do público, o retorno não era seu desejo, não deveria ser sua obrigação moral? Linhartová: "O escritor é antes de tudo um homem livre, e a obrigação de preservar sua independência contra todo o constrangimento vem antes de qualquer outra consideração. E não falo mais agora desses constrangimentos irracionais que procuram impor um poder abusivo, mas das restrições — ainda mais difíceis de desmitificar porque elas são bem-intencionadas — que apelam para os sentimentos do dever em relação ao país". Realmente, ruminamos os clichês sobre os direitos humanos e ao mesmo tempo persistimos em considerar o indivíduo como propriedade de sua nação.

Ela vai ainda mais longe: "Eu, portanto, escolhi o lugar onde queria viver, mas também escolhi a língua que queria falar". Objetaram: o escritor, apesar de homem livre, não é o guardião de sua língua? Não é esse o próprio sentido de sua missão? Linhartová: "Muitas vezes pretende-se que, mais que qualquer outro, o escritor não é livre em seus movimentos, pois ele permanece ligado à sua língua por um vínculo indissolúvel. Eu creio que nesse caso ainda se trata de um desses mitos que servem de desculpas para pessoas medrosas". Pois: "O escritor não é prisioneiro de uma só língua". Uma grande frase libertadora. Apenas a brevidade de sua vida impede o escritor de tirar todas as conclusões desse convite à liberdade.

Linhartová: "Minhas simpatias vão para os nômades, eu não sinto que tenho a alma de um sedentário. Assim, tenho o direito de dizer que meu exílio veio preencher aquilo que, desde sempre, era meu desejo mais caro: viver em outro lugar". Quando Linhartová escreve em francês, será que ela ainda é uma escritora tcheca? Não. Ela se torna ela uma escritora francesa? Também não. Ela está em outro lugar. Em outro lugar como outrora Chopin, em outro lugar como mais tarde, cada um à sua maneira, Nabokov, Beckett, Stravinski, Gombrowicz. Claro, cada um vive seu exílio a seu modo inimitável e a experiência de Linhartová é um caso-limite. Não impede que depois de seu texto radical e luminoso não se possa mais falar do exílio como falamos até aqui.

A INTOCÁVEL SOLIDÃO
DE UM ESTRANGEIRO

(Oscar Milosz)

1

A primeira vez que vi o nome de Oscar Milosz foi acima do título de sua *Symphonie de Novembre* traduzida em tcheco e publicada alguns meses depois da guerra numa revista de vanguarda da qual eu era, com dezessete anos, um leitor assíduo. Só pude constatar até que ponto essa poesia me enfeitiçara uns trinta anos mais tarde, na França, quando abri pela primeira vez o livro de poesia de Milosz no original francês. Logo achei a *Symphonie de Novembre* e, lendo-a, ouvi na minha memória toda a tradução tcheca (soberba) desse poema do qual não perdi uma só palavra. Na versão tcheca, o poema de Milosz havia deixado em mim um traço mais profundo, talvez, do que a poesia que eu havia devorado na mesma época, a de Apollinaire ou de Rimbaud ou de Nezval ou de Desnos. Indubitavelmente, esses poetas tinham me encantado não apenas pela beleza de seus versos, mas também pelo mito que cercava seus nomes sagrados, que me serviam de senha para me fazer reconhecer pelos meus, os modernos, os iniciados. Mas não havia nenhum

mito em torno de Milosz: seu nome totalmente desconhecido não me dizia nada e não dizia nada a ninguém à minha
volta. Nesse caso, fiquei encantado não por um mito, mas
por uma beleza que agia por si mesma, só, nua, sem nenhum
apoio externo. Sejamos sinceros: isso acontece raramente.

2

Mas por que justamente esse poema? O essencial, eu
acho, residia na descoberta de alguma coisa que em nenhum
outro lugar eu encontrei: a descoberta do arquétipo de uma
forma da nostalgia que se exprime, gramaticalmente, não pelo
passado, mas pelo futuro. O *futuro gramatical da nostalgia*.
A forma gramatical que projeta um passado choroso num
futuro distante; que transforma a evocação melancólica daquilo que não existe mais na tristeza dilacerante de uma promessa irrealizável.

Tu seras vêtu de violet pâle, beau chagrin!
*Et les fleurs de ton chapeau seront tristes et petites**

3

Lembro-me de uma representação de Racine na Comé-
die-Française. Para tornar os diálogos naturais, os atores os
pronunciavam como se fossem prosa; omitiam sistematicamente a pausa no fim dos versos; impossível de reconhecer
o ritmo do alexandrino ou entender as rimas. Talvez eles
pensassem agir em harmonia com o espírito da poesia moderna que abandonou há muito tempo a métrica e a rima.
Mas o verso livre, no momento de seu nascimento, não que-

---

* "Tu estarás vestida de violeta-pálido, bela melancolia!/ E as flores de teu
chapéu serão tristes e pequenas." (N. T.)

ria transformar a poesia em prosa! Ele queria livrá-la das couraças métricas para descobrir outra musicalidade, mais natural, mais rica. Guardarei para sempre em meus ouvidos a voz cantante dos grandes poetas surrealistas (tchecos e franceses) recitando seus versos! Tanto quanto um alexandrino, um verso livre era também uma unidade musical ininterrupta, terminada por uma pausa. Essa pausa precisa ser ouvida, tanto num alexandrino quanto num verso livre, mesmo que isso possa contradizer a lógica gramatical da frase. É precisamente nessa pausa quebrando a sintaxe que consiste o refinamento melódico (a provocação melódica) do enjambement. A dolorosa melodia das *Symphonies* de Milosz é baseada nos encadeamentos dos enjambements. Um enjambement em Milosz é um breve silêncio surpreso diante de uma palavra que virá no começo da linha seguinte:

Et le sentier obscur sera là, tout humide
D´un écho de cascades. Et je te parlerai
De la cité sur l´eau et du Rabbi de Bacharach
*Et des Nuits de Florence. Il y aura aussi**

4

Em 1949, André Gide organizou para as edições Gallimard uma antologia da poesia francesa. Ele escreveu no prefácio: "X. me censura por não ter incluído nada de Milosz. [...] Foi um esquecimento? Não foi. É que não encontrei nada que particularmente valesse a pena ser mencionado. Repito: minha escolha não tem nada de histórico e só a qualidade me orienta". Havia, na arrogância de Gide, uma parte de bom senso: Oscar Milosz não tinha nada a ver com aquela an-

---

* "E o caminho obscuro estará lá, todo úmido/ Com o eco de cascatas. E te falarei/ Da cidade sobre a água e do Rabbi de Bacharach/ E das Noites de Florença. E haverá também." (N. T.)

tologia; sua poesia não é francesa; guardando todas as suas raízes polonesas e lituanas, ele se refugiara na língua dos franceses como num convento. Consideremos a recusa de Gide como uma maneira nobre de proteger a intocável solidão de um estrangeiro; de um Estrangeiro.

A INIMIZADE E A AMIZADE

Um dia, no começo dos anos 1970, durante a ocupação russa do país, ambos expulsos do emprego, ambos com a saúde debilitada, minha mulher e eu fomos ver, num hospital nos arredores de Praga, um grande médico, amigo dos opositores — um velho sábio judeu, como nós o chamávamos —, o professor Smahel. Lá, encontramos E., um jornalista, ele também banido de toda parte, ele também em mau estado de saúde, e todos os quatro ficamos um bom tempo conversando, felizes com a atmosfera de simpatia mútua.

Na volta, E. nos meteu em seu carro e começou a falar de Bohumil Hrabal, na época o maior escritor tcheco vivo; com uma fantasia sem limites, apaixonado por experiências plebeias (seus romances são povoados pelas pessoas mais comuns), ele era muito lido e muito amado (toda a geração da jovem cinematografia tcheca o adorava como um santo padroeiro). Ele era profundamente apolítico. O que, num regime para o qual "tudo era político", significava que não era inocente: seu apolitismo caçoava do mundo onde imperavam as ideologias. É por isso que ficou durante muito tempo numa relativa desgraça (inutilizável para todas as propagandas oficiais), mas foi por esse mesmo apolitismo (ele também nunca se engajou contra o regime) que, durante a ocupação russa, o deixaram em paz e ele pôde, aqui e ali, publicar alguns livros.

E. o injuriava com furor: Como ele pode aceitar que seus livros sejam editados enquanto seus colegas são proibidos de publicar? Como ele pode legitimar assim o regime? Sem uma só palavra de protesto? Seu comportamento é detestável e Hrabal é um colaboracionista.

Eu reagi com a mesma fúria: que absurdo falar de colaboração se o espírito dos livros de Hrabal, seu humor, sua imaginação são exatamente o contrário da mentalidade que nos governa e que quer nos sufocar com uma camisa de força? O mundo onde se pode ouvir Hrabal é inteiramente diferente daquele onde sua voz não seria ouvida. Um único livro de Hrabal presta um serviço maior às pessoas, à sua liberdade de espírito, do que nós todos com nossos gestos e nossas proclamações de protesto! A discussão no carro rapidamente se transformou em briga raivosa.

Repensando nisso mais tarde, surpreso com essa raiva (autêntica e perfeitamente recíproca), eu me disse: nosso entendimento quando nos encontramos no médico era passageiro, consequência das circunstâncias históricas especiais que faziam de nós perseguidos; nosso desentendimento, ao contrário, era fundamental e independente das circunstâncias; era o desacordo entre aqueles para quem a luta política é superior à vida concreta, à arte, ao pensamento, e aqueles para quem o sentido da política é estar a serviço da vida concreta, da arte, do pensamento. As duas atitudes são, talvez, ambas legítimas, mas ambas irreconciliáveis.

No outono de 1968, quando pude passar duas semanas em Paris, tive a oportunidade de conversar longamente duas ou três vezes com Aragon em seu apartamento da rue de Varennes. Não, eu não lhe disse grande coisa, eu escutei. Como nunca tive um diário, minhas lembranças são vagas; de suas opiniões, só me lembro de dois temas que sempre voltavam: ele me falou muito de André Breton que, no fim de sua vida, se aproximara dele; e ele me falou da arte do romance. Mesmo em seu prefácio para *A brincadeira* (escrito um mês antes de nossos encontros), ele fizera um elogio do romance como tal: "o romance é indispensável para o homem, como o pão". Durante minhas visitas, ele me incitava a defender sempre "esta arte" (esta arte "depreciada", como ele escreveu em seu prefácio; retomei depois essa fórmula para o título de um capítulo em *A arte do romance*).

Guardei de nossos encontros a impressão de que a razão mais profunda de sua ruptura com os surrealistas não era política (sua obediência ao Partido Comunista), mas estética (sua fidelidade ao romance, a arte "depreciada" pelos surrealistas), e me pareceu que percebi o drama duplo de sua vida: sua paixão pela arte do romance (talvez o domínio principal de seu gênio) e sua amizade por Breton (hoje, eu sei: na hora do balanço final, a ferida mais dolorosa é a das amizades feridas; e nada é mais tolo do que sacrificar uma amizade pela política. Fico orgulhoso de nunca ter feito isso. Admirei Mitterrand pela fidelidade que soube guardar para com seus velhos amigos. Foi por causa dessa fidelidade que ele foi tão violentamente atacado no fim de sua vida. Essa fidelidade é que era sua nobreza).

Uns sete anos depois do meu encontro com Aragon, conheci Aimé Césaire, cuja poesia eu havia descoberto logo após a guerra, na tradução tcheca de uma revista de vanguarda (a mesma revista que me fizera conhecer Milosz). Foi em Paris, no ateliê do pintor Wifredo Lam. Aimé Césaire, jovem, vivaz, encantador, me encheu de perguntas. A primeira: "Kundera, você conheceu Nezval?". "Claro. Mas, e você, como o conheceu?" Não, ele não tinha conhecido, mas André Breton tinha lhe falado muito dele. Segundo minhas ideias preconcebidas, Breton, com sua reputação de homem intransigente, não podia senão falar mal de Vitezlav Nezval que, alguns anos antes, tinha se separado do grupo dos surrealistas tchecos, preferindo obedecer (mais ou menos como Aragon) à voz do partido. E, portanto, Césaire me repetiu que Breton, em 1940, durante sua estadia na Martinica, tinha lhe falado de Nezval com amor. E isso me comoveu. Mais ainda porque Nezval, ele também, lembro-me bem, falava sempre de Breton com amor.

O que mais me chocou nos grandes processos stalinistas foi a aprovação fria com que os homens de Estado comunistas aceitavam a condenação à morte de seus amigos. Pois eles eram todos amigos, quero dizer com isso que eles haviam se conhecido intimamente, tinham vivido juntos momentos duros, emigração, perseguição, longa luta política. Como puderam sacrificar, e dessa maneira tão macabramente definitiva, suas amizades?

Mas seria isso amizade? Há uma relação humana para a qual, em tcheco, existe a palavra *soudruzstvi* (*soudruh*: camarada), a saber, "a amizade dos camaradas"; a simpatia que une aqueles que sustentam a mesma luta política. Quando a devoção comum à causa desaparece, a razão da simpatia também desaparece. Mas a amizade que é submetida a um interesse superior à amizade não tem nada a ver com amizade.

Em nosso tempo aprendemos a submeter a amizade àquilo que chamamos de convicções. E até mesmo com o orgulho de uma retidão moral. É preciso realmente uma grande maturidade para compreender que a opinião que nós defendemos não passa de nossa hipótese preferida, necessariamente imperfeita, provavelmente transitória, que apenas os muito obtusos podem transformar numa certeza ou numa verdade. Ao contrário da fidelidade pueril a uma convicção, a fidelidade a um amigo é uma virtude, talvez a única, a última.

Olho a foto de René Char ao lado de Heidegger. Um celebrado como membro da resistência contra a ocupação alemã. O outro denegrido por causa das simpatias que teve, num certo momento de sua vida, pelo nazismo nascente. A foto data dos anos do pós-guerra. Nós os vemos de costas; com um boné na cabeça, um grande, o outro pequeno, eles caminham pelo campo. Gosto muito dessa foto.

FIEL A RABELAIS E AOS SURREALISTAS QUE REVOLVEM OS SONHOS

Folheio o livro de Danilo Kis, seu velho livro de reflexões, e tenho a impressão de que me encontro num bistrô perto do Trocadéro, sentado em frente a ele, que me fala com sua voz forte e rude como se me insultasse. De todos os grandes escritores de sua geração, franceses ou estrangeiros, que nos anos 1980 moravam em Paris, ele era o mais invisível. A deusa chamada Atualidade não tinha nenhuma razão de dirigir suas luzes para ele. "Eu não sou um dissidente", escreveu. Ele não era nem mesmo um emigrado. Viajava livremente entre Belgrado e Paris. Era apenas um "escritor bastardo vindo do mundo submerso da Europa Central". Apesar de submerso, esse mundo fora, durante a vida de Danilo (morto em 1989), a condensação do drama europeu. A Iugoslávia: uma longa guerra sangrenta (e vitoriosa) contra os nazistas; o Holocausto que assassinava sobretudo os judeus da Europa Central (entre eles, seu pai); a revolução comunista, seguida imediatamente da ruptura dramática (ela também vitoriosa) com Stálin e o stalinismo. Por mais marcado que tenha sido por esse drama histórico, ele jamais sacrificou seus romances à política. Assim pôde

116

abordar o mais pungente: os destinos esquecidos desde seu nascimento; as tragédias privadas de cordas vocais. Ele estava de acordo com as ideias de Orwell, mas como poderia gostar de *1984*, o romance no qual esse fanfarrão do totalitarismo reduziu a vida humana à sua dimensão política, exatamente como faziam todos os Maos do mundo? Contra esse achatamento da existência, ele pedia socorro a Rabelais, a suas brincadeiras, aos surrealistas que "revolviam o inconsciente, os sonhos". Folheio seu velho livro e ouço sua voz forte e rude: "Infelizmente, esse tom maior da literatura francesa que começou com Villon desapareceu". Desde que compreendeu isso, ele ficou ainda mais fiel a Rabelais, aos surrealistas que "revolviam os sonhos" e à Iugoslávia que, de olhos vendados, já avançava, também ela, para o desaparecimento.

SOBRE AS DUAS
GRANDES PRIMAVERAS
E OS ŠKVORECKÝ

1

Quando, em setembro de 1968, traumatizado pela tragédia da invasão russa da Tchecoslováquia, pude passar alguns dias em Paris, Josef e Zdena Škvorecký também estavam lá. Volta à minha memória a imagem de um rapaz que, agressivamente, dirigiu-se a nós: "O que vocês querem, exatamente, vocês tchecos? Já estavam cansados do socialismo?".

Nos mesmos dias, nós discutimos longamente com um grupo de amigos franceses que viam nas duas Primaveras, a parisiense e a tcheca, acontecimentos semelhantes, brilhando com o mesmo espírito de revolta. Isso era muito mais agradável de ouvir, mas o mal-entendido persistia.

Maio de 68 de Paris foi uma explosão inesperada. A Primavera de Praga, o coroamento de um longo processo enraizado no choque do Terror stalinista dos primeiros anos depois de 1948.

Maio de Paris, sustentado a princípio por iniciativa dos jovens, era impregnado de lirismo revolucionário. A Primavera de Praga era inspirada pelo ceticismo pós-revolucionário dos adultos.

Maio de Paris era uma contestação alegre da cultura europeia vista como desinteressante, oficial, esclerosada. A Primavera de Praga era a exaltação dessa mesma cultura abafada durante muito tempo sob a idiotice ideológica, a defesa tanto do cristianismo quanto da incredulidade libertina e, claro, da arte moderna (explico bem: moderna, não pós-moderna).

Maio de Paris propagava seu internacionalismo. A Primavera de Praga queria devolver a uma pequena nação sua originalidade e sua independência.

Por um "acaso maravilhoso", essas duas Primaveras, assincrônicas, cada uma originada num tempo histórico diferente, se encontraram sobre a "mesa de dissecação" do mesmo ano.

2

O começo do caminho para a Primavera de Praga está marcado na minha memória pelo primeiro romance de Škvorecký, *Zbabělci* [*Os covardes*], publicado em 1956 e recebido pelo grandioso fogo de artifício do ódio oficial. Esse romance, que representava um grande ponto de partida literário, fala de um grande ponto de partida histórico: uma semana de maio de 1945 durante a qual, depois de seis anos de ocupação alemã, renascia a República tchecoslovaca. Mas por que tanto ódio? Seria o romance tão agressivamente anticomunista? De jeito nenhum. Škvorecký conta a história de um homem de vinte anos, loucamente apaixonado por jazz (assim como Škvorecký), levado pelo turbilhão de alguns dias de uma guerra que terminava, na qual o Exército alemão estava de joelhos, na qual a resistência tcheca, incompetente, não se organizava, na qual os russos chegavam. Nenhum anticomunismo, mas uma atitude profundamente não política; livre, leve; *impolidamente* não ideológica.

E, ainda, a onipresença do humor, do inoportuno humor. O que me faz pensar que em todas as partes do mundo as pessoas riem de modo diferente. Como contestar o senso de humor em Bertolt Brecht? Mas sua adaptação teatral do *Bravo soldado Chveïk* prova que ele nunca compreendeu o cômico de Hasek. O humor de Škvorecký (como o de Hasek ou de Hrabal) é o humor daqueles que estão longe do poder, não reivindicam o poder e consideram a história uma velha bruxa cega, cujos veredictos morais os fazem rir. E eu acho significativo que seja justamente nesse espírito não sério, antimoralista, anti-ideológico, que começou, no raiar dos anos 1960, um grande decênio da cultura tcheca (aliás, o último que podemos chamar grande).

3

Ah, os queridos anos 1960. Eu gostava de dizer, então, cinicamente: o regime político ideal é uma *ditadura em decomposição*; o aparelho opressivo funciona de maneira cada vez mais defeituosa, mas está sempre ali para estimular o espírito crítico e zombeteiro. No verão de 1967, irritados com o congresso corajoso da União dos Escritores e achando que o atrevimento tinha ido longe demais, os chefes de Estado tentaram endurecer sua política. Mas o espírito crítico já havia contaminado até o comitê central que, em janeiro de 1968, decidiu que o presidente seria um desconhecido: Alexander Dubcek. A Primavera de Praga começou: hilário, o país recusou o estilo de vida imposto pela Rússia; as fronteiras do Estado foram abertas e todas as organizações sociais (sindicatos, federações, associações), originariamente destinadas a transmitir ao povo a vontade do partido, tornaram-se independentes e se transformaram em instrumentos inesperados de uma democracia inesperada. Nasceu um sistema (sem nenhum projeto preestabelecido, quase por acaso) que foi verdadeiramente sem precedente: uma economia 100% nacionalizada, uma agricultura nas mãos das cooperativas, nada de pessoas muito ricas, nada de pessoas muito pobres, o ensino e a medicina gratuitos, mas também: o fim do poder da polícia secreta, o fim das perseguições políticas, a liberdade de escrever sem censura e, a partir daí, o desabrochar da literatura, da arte, do pensamento, das revistas. Eu ignoro quais eram as perspectivas de futuro desse sistema; na situação geopolítica de então, certamente nulas; mas numa outra situação geopolítica? Quem pode saber... Em todo caso, esse segundo durante o qual esse sistema existiu, esse segundo foi soberbo.

Em *Miracle en Bohême* (terminado em 1970), Škvorecký descreve toda essa época entre 1948 e 1968. O que me surpreende é que ele dirige seu olhar cético não apenas à tolice do poder, mas também aos contestadores, sua gesticulação vaidosa que se instala no cenário da Primavera. É por causa disso que na Tchecoslováquia, depois da catástrofe da invasão, esse livro foi proibido, bem como todas as obras de Škvorecký, e também malvisto pelos opositores que, contaminados pelo vírus do moralismo, não suportavam a inoportuna liberdade do olhar, a inoportuna liberdade da ironia.

4

Quando, em setembro de 1968 em Paris, os Škvorecký e eu discutimos com amigos franceses sobre nossas duas Primaveras, nós não estávamos isentos de preocupações: eu pensava na minha difícil volta para Praga, eles, em sua difícil emigração para Toronto. A paixão de Josef pela literatura americana e pelo jazz facilitou-lhes a escolha. (Como se, depois de sua primeira juventude, cada um trouxesse em si o lugar de seu possível exílio: eu, a França; eles, a América do Norte...) Mas, por maior que fosse seu cosmopolitismo, os Škvorecký eram patriotas. Ah, eu sei, hoje, nos tempos da festa ilusória dos uniformizadores da Europa, em vez de "patriota", era preciso dizer (com desdém) "nacionalista". Mas desculpem, nesses tempos sinistros, como poderíamos não ser patriotas? Os Škvorecký moravam em Toronto numa pequena casa na qual reservaram um cômodo onde editavam os escritores tchecos proibidos em seu país. Nada era então mais importante do que isso. A nação tcheca não nasceu (nascida muitas vezes) graças às suas conquistas militares, mas sempre graças à sua literatura. Eu não falo da literatura como arma política, falo da literatura como literatura. Aliás, nenhuma organização política subvencionava os Škvorecký, que, como editores, só podiam contar com suas próprias forças e seus próprios sacrifícios. Não esquecerei jamais. Morava em Paris e o coração de meu país natal estava para mim em Toronto. Terminada a ocupação russa, não havia mais razão para editar no estrangeiro os livros tchecos. Desde então Zdena e Josef visitam Praga de tempos em tempos, mas voltam sempre para viver em sua pátria. Na pátria de seu velho exílio.

POR BAIXO TU SENTIRÁS AS ROSAS
(A última vez na casa de Ernest Breleur)

Nós bebíamos, como sempre, rum branco com açúcar mascavo, as telas estavam no chão, muitas delas dos últimos anos. Mas naquele dia eu me concentrava em alguns quadros muito recentes, apoiados na parede, que via pela primeira vez e que se distinguiam dos anteriores pela predominância da cor branca. Eu perguntei: "É sempre a morte em todo lugar?". "Sim", me disse ele.

Nos períodos precedentes, corpos nus, sem cabeça, flutuavam, enquanto embaixo pequenos cachorros choravam numa noite que não tinha fim. Eu achava que esses quadros noturnos eram inspirados pelo passado dos escravos, para quem a noite era o único momento livre da vida. "A noite acabou deixando os seus quadros brancos?" "Não. É sempre a noite", respondeu ele. Então compreendi: a noite apenas virou sua roupa ao contrário. Era uma noite eternamente incendiada pelo além.

Ele me explicou: na primeira fase do trabalho, a tela era muito colorida, depois os escorridos brancos, pouco a pouco, como uma cortina de finos barbantes, como uma chuva, cobrem a pintura. Eu disse: "Os anjos visitam o seu ateliê durante a noite e urinam nos seus quadros uma urina branca".

Eis o quadro que eu olhava cada vez mais: à esquerda uma porta aberta, no meio um corpo horizontal que flutua como se saísse de uma casa. Embaixo, à direita, estava pousado um chapéu. Compreendi: não era a porta de uma casa, mas a entrada de um túmulo tal como se vê nos cemitérios martinicanos: casinhas de cerâmica branca.

Olhava aquele chapéu embaixo, tão surpreendente na beira do túmulo. Presença incongruente de um objeto à maneira surrealista? Na véspera, havia estado na casa de Hubert, um outro amigo martinicano. Ele tinha me mostrado um chapéu, o belo e grande chapéu de seu pai morto havia muito tempo: "O chapéu, a lembrança que os filhos mais velhos herdavam do pai em nossa terra", me explicou ele.

E as rosas. Elas flutuam em torno do corpo que plana ou crescem em cima dele. Subitamente, os versos surgiram na minha cabeça, os versos que me encantaram quando era muito jovem, os versos tchecos de Frantisek Halas.

Por baixo tu sentirás as rosas
Quando viveres tua morte
E à noite rejeitarás
O amor teu escudo

E eu via meu país natal, esse país de igrejas barrocas, de cemitérios barrocos, de estátuas barrocas, com sua obsessão pela morte, obsessão do corpo que parte, que não pertence mais aos vivos mas que, mesmo decomposto, não deixa de ser corpo, portanto objeto de amor, de ternura, de desejo. E eu via diante de mim a África de outrora e a Boêmia de outrora, uma pequena aldeia de negros e o espaço infinito de Pascal, o surrealismo e o barroco, Halas e Césaire, os anjos que urinavam e os cachorros que choravam, minha casa e minha outra terra.

VII
MEU PRIMEIRO AMOR

A GRANDE CORRIDA DE
UM HOMEM DE UMA PERNA SÓ

Se me perguntassem por que meu país natal marcou para
sempre meus genes estéticos, eu não hesitaria em responder:
pela música de Janáček. As coincidências biográficas tiveram nisso um papel: Janáček viveu toda a sua vida em Brno,
como meu pai, que, jovem pianista, fazia parte do círculo
encantado (e isolado) de seus primeiros conhecedores e de-
fensores. Vim ao mundo um ano depois que Janáček partiu,
e desde a minha primeira infância ouvi todos os dias sua
música tocada ao piano por meu pai ou por seus alunos;
em 1971, para as exéquias de meu pai, proibi, nesse tempo
sombrio de ocupação, qualquer discurso; apenas quatro músicos tocaram, no crematório, o segundo quarteto de cordas
de Janáček.

Quatro anos mais tarde, emigrei para a França e, sa-
cudido pelo destino de meu país, falei de seu maior compositor, muitas vezes, longamente, no rádio. E foi com prazer
que mais tarde aceitei escrever, para uma revista musical,
as críticas de discos de sua música gravados durante esses
anos (o começo dos anos 1990). Era um prazer, sim, mas
um pouco estragado pelo nível inacreditavelmente desigual

(e muitas vezes deplorável) das interpretações. De todos esses discos, apenas dois me encantaram: as peças para piano tocadas por Alain Planès e os quartetos interpretados pelo quarteto Berg de Viena. Prestando-lhes homenagem (e para, assim, polemizar com os outros), tentei definir o estilo de Janáček: "Justaposição vertiginosamente próxima de temas muito contrastados que se sucedem rapidamente, sem transição e, muitas vezes, ressoam simultaneamente; tensão entre a brutalidade e a ternura num espaço reduzido ao máximo. Mais ainda: tensão entre a beleza e a feiura, pois Janáček é, talvez, um dos raros compositores que souberam colocar em sua música a questão conhecida dos grandes pintores, aquela da feiura como objeto de uma obra de arte. (Nos quartetos, por exemplo, as passagens tocadas *sul ponticello* que arranham e transformam um som musical em ruído)". Mas mesmo esse disco que tanto me encantou era acompanhado de um texto apresentando Janáček por um ângulo estupidamente nacionalista, fazendo dele um "discípulo espiritual de Smetana" (ele era o contrário disso!) e reduzindo sua expressividade ao sentimentalismo romântico de uma época encerrada.

Que as diferentes interpretações da mesma música tenham uma qualidade distinta, nada mais normal. Ora, no caso de Janáček, não se tratava de uma imperfeição, mas de uma surdez à sua estética! De uma incompreensão de sua originalidade! Essa incompreensão, eu a considero reveladora, significativa, pois revela uma maldição que pesou sobre o destino de sua música. Eis a razão deste texto sobre "a grande corrida do homem de uma perna só":

Nascido em 1854 num ambiente pobre, filho de um professor de vilarejo (de um pequeno vilarejo), ele viveu dos onze anos até sua morte em Brno, cidade de província, à margem da vida intelectual tcheca cujo centro era Praga (que, na monarquia austro-húngara, também era apenas uma cidade de província); nessas condições, sua evolução artística foi inacreditavelmente lenta: ele escreveu música muito

128

moço, mas só descobriu seu próprio estilo por volta dos 45 anos, ao compor *Jenufa*, ópera que ele conclui em 1902 e cuja estreia se dá num modesto teatro de Brno em 1904; ele tem então cinquenta anos e os cabelos completamente brancos. Terá que esperar, sempre subestimado, quase desconhecido, até 1916 para que *Jenufa*, depois de catorze anos de recusa, seja apresentada em Praga com um sucesso inesperado que, para surpresa geral, o torna imediatamente conhecido fora das fronteiras de sua pátria. Ele tem então 62 anos e o curso de sua vida se acelera vertiginosamente; restam-lhe ainda uns doze anos de vida e ele escreve, como numa febre ininterrupta, o essencial de sua obra; convidado para todos os festivais organizados pela Sociedade Internacional para a Música Contemporânea, ele aparece, ao lado de Bartók, Schönberg, Stravinski, como irmão (um irmão muito mais velho, mas um irmão).

Quem era ele, afinal? Um provinciano ingenuamente obcecado pelo folclore, como o apresentaram os arrogantes musicólogos de Praga? Ou um dos grandes da música moderna? Neste caso, de qual música moderna? Ele não pertencia a nenhuma corrente conhecida, a nenhum grupo, a nenhuma escola! Ele era só e diferente.

Vladimir Helfert torna-se, em 1919, professor na Universidade de Brno e, fascinado por Janáček, planeja uma imensa monografia em quatro volumes. Janáček morre em 1928 e dez anos mais tarde, depois de longos estudos, Helfert termina o primeiro volume. O ano era 1938, Munique, a ocupação alemã, a guerra. Deportado para um campo de concentração, Helfert morre nos primeiros dias de paz. De sua monografia resta apenas o primeiro volume, ao fim do qual Janáček tem só 35 anos e nenhuma obra de valor.

Max Brod edita (em alemão) uma curta monografia entusiástica sobre Janáček (o primeiro livro escrito sobre ele). Helfert o ataca imediatamente: falta a Brod rigor científico! A prova: existem composições de juventude das quais ele nem mesmo conhece a existência! Janáček defende Brod:

qual o interesse em deter-se sobre o que não tem nenhuma importância? Por que julgar o compositor naquilo que ele não estima e que em grande parte ele mesmo queimou?

Eis o conflito arquetípico. Um estilo novo, uma estética nova, como assimilá-los? Correndo para trás, em direção à juventude do artista, em direção ao seu primeiro coito, em direção a suas fraldas, como gostam de fazer os historiadores? Ou então, como fazem os especialistas em arte, debruçando-se sobre a própria obra, sobre sua estrutura, que eles analisam, depuram, comparam e confrontam?

Penso na famosa estreia de *Hernani*; Hugo tem 28 anos, seus companheiros ainda menos e ficam todos apaixonados, não apenas pela peça, mas sobretudo por sua nova estética, que eles conhecem, que eles defendem, pela qual lutam. Penso em Schönberg; por mais rejeitado que fosse pelo grande público, ele estava cercado de jovens músicos, de seus alunos e connaisseurs, entre eles Adorno, que escreverá um livro célebre sobre ele, grande explicação de sua música. Penso nos surrealistas, apressados em fazer um manifesto teórico acompanhar sua arte a fim de impedir qualquer má interpretação. Em outras palavras: todas as correntes modernas sempre lutaram *ao mesmo tempo* por sua arte *e* por seu programa estético.

Em sua província, Janáček não tinha nenhum grupo de amigos ao seu redor. Adorno algum, nem mesmo um décimo, nem mesmo um centésimo de Adorno estava lá para explicar a novidade de sua música que, assim, teve que avançar sozinha, sem nenhum apoio teórico, como um corredor de uma perna só. Na última década de sua vida, em Brno, um círculo de jovens músicos o adorava e compreendia, mas sua voz mal era ouvida. Alguns meses antes de sua morte, a Ópera Nacional de Praga (aquela que havia recusado *Jenufa* durante catorze anos) encenou *Wozzeck*, de Alban Berg; o público de Praga, enervado com a música moderna demais, vaiou o espetáculo, e vaiou tanto que a direção do teatro, dócil e rapidamente, retirou *Wozzeck* do programa. Foi en-

130

tão que o velho Janáček tomou a defesa de Berg, publicamente, violentamente, como se quisesse mostrar, enquanto havia tempo, a que grupo ele pertencia, quem eram os seus, os seus cuja presença lhe havia faltado a vida inteira.

Hoje, oitenta anos depois de sua morte, abro a Larousse e leio como o retratam: "[...] ele empreendeu uma coletânea sistemática de canções populares, cuja seiva alimentou sua obra e todo o seu pensamento político" (tentem imaginar o improvável idiota que esta frase desenha!). Sua obra é "extremamente nacional e étnica" (a saber, fora do contexto internacional da música moderna!). Suas óperas são "impregnadas de ideologia socialista" (nonsense total...); qualificam suas formas de "tradicionais" e não falam de seu não conformismo; de suas óperas mencionam *Sarka* (obra imatura, esquecida com razão), enquanto não dizem uma só palavra sobre *Da casa dos mortos*, uma das maiores óperas do século.

Não é portanto de se espantar que, por décadas, pianistas, regentes, enganados por todos esses indicadores, tenham se perdido à procura de seu estilo. Guardo uma admiração maior por aqueles que o compreenderam com uma convicção imediata: Charles Mackerras, Alain Planès, o quarteto Berg... 75 anos depois de sua morte, em 2003, em Paris, assisti a um grande concerto com duas reprises diante de um público entusiasmado: Pierre Boulez dirigia *Capriccio*, *Sinfonietta* e *Messe glagolitique*. Nunca ouvi um Janáček tão janacekiano: com sua impertinente clareza, sua expressividade antirromântica, sua modernidade brutal. Pensei então: talvez, depois de uma corrida de todo um século, Janáček, numa perna só, finalmente esteja se juntando, de uma vez por todas, ao grupo dos seus.

A MAIS NOSTÁLGICA DAS ÓPERAS

1

Entre as óperas de Janáček, cinco são obras-primas; os libretos de três delas (*Jenufa*, 1902; *Katia Kabanova*, 1921; *O caso Makropoulos*, 1924) são peças de teatro adaptadas e encurtadas. As duas outras (*A pequena raposa astuta*, 1923, e *Da casa dos mortos*, 1927) são diferentes: a primeira foi baseada num romance-folhetim de um autor tcheco contemporâneo (obra encantadora, mas sem grandes ambições artísticas); a outra, inspirada nas lembranças de prisão de Dostoiévski. Nestas, já não bastava encurtar ou adaptar; era preciso criar obras teatrais autônomas e imprimir nelas uma nova arquitetura. Tarefa que Janáček não pôde delegar a ninguém, ele próprio assumiu.

Tarefa ainda mais complicada pelo fato de esses dois modelos literários não terem nem composição nem tensão dramáticas — *A pequena raposa astuta* sendo uma simples sequência de quadros sobre um *idílio* campestre e *Recordações da casa dos mortos*, uma *reportagem* sobre a vida dos presos. E eis o que é notável: não apenas Janáček nada fez na sua transcrição para esconder essa falta de intriga e de suspense, mas ele a reforçou, transformando essa desvantagem em trunfo.

O perigo consubstancial à arte da ópera é que a música pode facilmente tornar-se uma simples *ilustração*; que o espectador concentrado demais na evolução de uma ação pode deixar de ser um *ouvinte*. Desse ponto de vista, a renúncia de Janáček a uma fabulação, a uma ação dramática, aparece como a suprema estratégia de um grande músico que quer subverter a "relação de forças" no interior de uma ópera e colocar a música radicalmente em primeiro plano.

É precisamente esse ocultamento da intriga que permitiu a Janáček encontrar, nessas duas obras mais do que nas outras três, a *especificidade do texto da ópera*, o que poderia ser demonstrado por uma prova negativa: se elas fossem representadas sem música, os libretos teriam sido quase nulos; nulos porque, desde sua concepção, Janáček reserva o papel dominante para a música; é ela que conta, que revela a psicologia dos personagens, que emociona, que surpreende, que medita, que envolve, e mesmo que organiza o conjunto e determina a arquitetura (aliás, muito trabalhada e muito requintada) da obra.

2

Os animais personificados poderiam dar a impressão de que *A pequena raposa astuta* é um conto de fadas, uma fábula ou uma alegoria. Esse erro ocultaria a originalidade essencial da obra, a saber, seu enraizamento na *prosa* da vida humana, no seu cotidiano banal. O cenário: uma casa na floresta, um albergue, a floresta; os personagens: um camponês com seus dois amigos, um professor de aldeia e um padre, então o dono do albergue, sua mulher, um caçador e alguns animais. Sua personificação não os arrancou absolutamente da prosa do cotidiano: a raposa é apanhada pelo guarda-florestal, presa num cercado, depois foge, vive na floresta, tem crias e, fuzilada pelo caçador, acaba transformada em agasalho para as mãos da noiva de seu assassino. Não é senão o sorriso de uma desenvoltura lúdica que se acrescenta, nas cenas com os animais, à banalidade da vida como ela é: revolta das galinhas que reclamam direitos sociais, conversas de comadres moralizadoras dos pássaros invejosos etc.

O que liga o mundo animal ao dos homens é o mesmo tema: o tempo que passa, a velhice para a qual todos os caminhos conduzem. A velhice: no seu célebre poema, Michelangelo fala disso como um pintor: acumulando detalhes concretos e terríveis da decadência física; Janáček, por sua vez, fala como um músico: A "essência musical" da velhice (musical no sentido: acessível à música, que apenas a música pode exprimir) é a infinita nostalgia do tempo que não existe mais.

3

A nostalgia. Ela determina não apenas o clima da obra, mas também sua arquitetura fundada sobre o paralelismo de dois tempos constantemente confrontados: o dos homens que envelhecem lentamente e o dos animais cuja vida avança num passo rápido; no espelho do tempo rápido da raposa, o velho guarda-florestal percebe a fugacidade melancólica de sua própria vida.

Na primeira cena da ópera, cansado, ele passa pela floresta. "Eu me sinto exausto", suspira ele, "como depois de uma noite de núpcias", em seguida ele senta e dorme. Na última cena, ele também se lembra do dia de suas núpcias e também dorme sob uma árvore. É graças a esse enquadramento humano que as núpcias da raposa, alegremente celebradas no meio da ópera, são aureoladas com a luz suave dos adeuses.

A passagem final da ópera começa com uma cena aparentemente insignificante que sempre me aperta o coração. O guarda-florestal e o professor estão sozinhos no albergue. O terceiro companheiro, o padre, transferido para um outro vilarejo, não está mais com eles. A mulher do dono do albergue, muito ocupada, não tem vontade de falar. O professor também está taciturno: a mulher por quem é apaixonado está se casando naquele dia. Bem pobre, portanto, é a conversa: onde está o dono do albergue? Na cidade; e como vai o padre? Sei lá; e o cachorro do guarda-florestal, por que não está ali? Ele não gosta mais de andar, está com dor nas patas, está velho; como nós, acrescenta o guarda-florestal. Não conheço nenhuma cena de ópera com um diálogo banal a esse ponto; e não conheço nenhuma cena de tristeza tão pungente e tão *real*.

Janáček conseguiu dizer aquilo que *só uma ópera pode dizer*: a insustentável nostalgia de uma conversa insignificante num albergue não pode ser expressa senão por uma ópera — a música se torna a quarta dimensão de uma situação que, sem ela, ficaria anódina, despercebida, muda.

4

Depois de ter bebido muito, o professor, sozinho nos campos, vê um girassol. Loucamente apaixonado por uma mulher, ele pensa que é ela. Cai de joelhos e declara ao girassol seu amor. "Irei com você para qualquer lugar do mundo, e te apertarei nos meus braços." São apenas sete compassos, mas de uma grande intensidade patética. Eu as cito com suas harmonias para mostrar que não há uma só nota que, por uma dissonância imprevista (como seria o caso em Stravinski), tornaria compreensível o caráter grotesco dessa declaração.

Eis a sabedoria do velho Janáček: ele sabe que o ridículo de nossos sentimentos não muda nada em sua autenticidade. Quanto mais a paixão do professor é profunda e sincera, mais ela é cômica e mais ela é triste. (A propósito, imaginemos a cena sem a música: ela não seria *senão* cômica. Apenas cômica. Só a música pode deixar entrever a tristeza oculta.)

Mas continuemos ainda com esse canto de amor para um girassol. Ele dura apenas sete compassos, ele não volta mais, ele não tem prolongamento algum. Mas eis o oposto da emotividade wagneriana, caracterizada pela melodia que cava, aprofunda, alarga e, chegando até a embriaguez, amplifica uma emoção de cada vez. Em Janáček as emoções não são menos intensas, mas extremamente concentradas e, portanto, breves. O mundo parece um carrossel onde os sentimentos passam, se alternam, se encaram e, muitas vezes, apesar de sua incompatibilidade, ressoam simultaneamente; nisso resulta uma inimitável tensão de toda música janacekiana; testemunham isso os primeiros compassos de *A pequena raposa astuta*: um motivo *legato* de uma nostalgia lânguida se choca com um motivo *staccato*, perturbador, que termina com três notas rápidas, muitas vezes repetidas e cada vez mais agressivas.

Esses dois motivos emocionalmente contraditórios, expostos ao mesmo tempo, entremeados, superpostos, um se opondo ao outro, ocupam, nessa simultaneidade inquietante, os 41 compassos iniciais e nos mergulham desde o começo no clima emocional tenso desse idílio dilacerante que é *A pequena raposa astuta*.

5

Último ato: o guarda-florestal despede-se do professor e sai do albergue; na floresta, deixa-se transportar pela nostalgia. Pensa no dia do seu casamento quando, sob as mesmas árvores, passeava com sua mulher: uma música encantada — exaltação de uma primavera perdida. Portanto, um final sentimental como convém? Não exatamente "como convém", pois a prosa interfere sem cessar na exaltação; primeiro por um desagradável zumbido de moscas (violinos *sul ponticello*); o guarda as espanta de seu rosto: "Sem estas moscas, eu dormiria logo". Pois, não esqueçamos, ele é velho, velho como seu cachorro que sente dor nas patas; portanto, ainda durante diversos compassos ele continua seu canto antes de finalmente conseguir dormir. Em seu sonho ele vê todos os animais da floresta, entre eles uma raposinha, filha da raposa astuta. Ele lhe diz: "Vou segurá-la como sua mamãe, mas desta vez vou cuidar melhor de você, para que não escrevam nos jornais sobre você e sobre mim". É uma alusão ao romance-folhetim a partir do qual Janáček fez sua ópera; uma brincadeira que nos acorda (apenas por alguns segundos) da atmosfera tão intensamente lírica. Depois, aproxima-se uma rã: "Monstrinho, o que você está fazendo aqui?", pergunta o guarda. A rã responde gaguejando: "Quem você pensa ver não sou eu, é meu-meu-meu avô. Ele me falou muito-muito-muito de você". E estas são as últimas palavras da ópera. O guarda-florestal dorme profundamente embaixo de uma árvore (talvez ele ronque) enquanto a música (brevemente, apenas com alguns compassos) se expande num êxtase embriagador.

6

Ah, essa pequena rã! Max Brod não gostava nada dela. Max Brod, sim, o amigo mais íntimo de Franz Kafka; por onde andasse, ele defendia Janáček; traduziu suas óperas para o alemão e abriu para ele os teatros germânicos. A sinceridade de sua amizade o autorizou a transmitir ao compositor todas as suas observações críticas. A rã, escreveu-lhe numa carta, deve desaparecer, e em vez de sua gagueira é preciso que o guarda-florestal pronuncie solenemente as palavras que serão o final da ópera! E chega mesmo a propor: *"So kehrt alles zurück, alles in ewiger Jugendpracht!"*. "Assim tudo volta, tudo com uma eterna força juvenil!"

Janáček recusou. Pois a proposta de Brod ia contra todas as suas intenções estéticas, contra a polêmica que ele levantara em toda a sua vida. Polêmica que o opunha à tradição da ópera. Que o opunha a Wagner. Que o opunha a

138

Smetana. Que o opunha à musicologia oficial de seus compatriotas. Em outras palavras, que o opunha (para utilizar a fórmula de René Girard) à "mentira romântica". A pequena discussão sobre a rã revela o romantismo incurável de Brod: imaginemos o velho guarda-florestal cansado que, com braços afastados, cabeça virada para trás, canta a glória da eterna juventude! Eis a mentira romântica por excelência, ou então, para usar outra palavra: eis o kitsch.

As maiores personalidades literárias da Europa Central do século xx (Kafka, Musil, Broch, Gombrowicz, mas também Freud) se revoltaram (muito isoladas nessa revolta) contra a herança do século precedente, que naquela Europa se curvava sob a carga particularmente pesada do romantismo. É o romantismo que, segundo eles, em seu paroxismo vulgar, conduz fatalmente ao kitsch. E é o kitsch que, para eles (e seus discípulos e herdeiros), é a maior *doença estética*.

A Europa Central que, no século xix, não trouxe ao mundo nenhum Balzac, nenhum Stendhal, dedicou um grande culto à ópera, que ali desempenhou um grande papel social, político, nacional como em nenhum outro lugar. Foi, portanto, *a ópera como tal*, seu espírito, sua grandiloquência proverbial, que provocou a irritação irônica desses grandes modernistas; para Hermann Broch, por exemplo, a ópera de Wagner, com sua pompa e seu sentimentalismo, com seu irrealismo, representava o próprio paradigma do kitsch.

Pela estética de sua obra, Janáček faz parte dessa plêiade dos grandes (e solitários) antirromânticos da Europa Central. Mesmo que tenha consagrado toda sua vida à ópera, ele teve, no tocante à sua *tradição*, às suas *convenções*, à sua *gesticulação*, uma relação tão crítica quanto Hermann Broch.

7

Janáček foi um dos primeiros a compor uma ópera (ele

começou a escrever *Jenufa* antes do fim do século xix) sobre um texto em prosa. Como se esse grande gesto — com o qual recusou, de uma vez por todas, a linguagem versificada (e com ela uma visão poetizada da realidade) —, como se esse grande gesto tivesse feito com que encontrasse de repente todo o seu estilo. E seu grande desafio: procurar a beleza musical na prosa: na prosa das situações cotidianas; nessa *linguagem falada* que inspirará a originalidade de sua arte da melodia.

A nostalgia elegíaca: o tema sublime e eterno da música e da poesia. Mas a nostalgia que Janáček descobre em sua *Pequena raposa astuta* está longe dos gestos teatrais que choram sobre o tempo passado. Terrivelmente real, ela se encontra ali onde ninguém a procura: na conversa de dois homens velhos num albergue; na morte de um pobre animal; no amor de um professor ajoelhado diante de um girassol.

VIII
O ESQUECIMENTO
DE SCHÖNBERG

NÃO É MINHA FESTA
(texto publicado em 1995 no *Frankfurter Rundschau*, com outros textos que celebravam o centésimo aniversário do nascimento do cinema)

Aquilo que os irmãos Lumière inventaram em 1895 não era uma arte, mas uma técnica que permitia apreender, mostrar, guardar e arquivar a imagem visual de uma realidade, não em um fragmento de segundo, mas em seu movimento e em sua duração. Sem essa descoberta da "foto em movimento", o mundo de hoje não seria o que é: a nova técnica tornou-se, em primeiro lugar, o *agente principal da imbecilização* (incomparavelmente mais poderosa do que a má literatura de outrora: anúncios publicitários, séries televisionadas); em segundo lugar, o *agente da indiscrição planetária* (as câmeras que filmam secretamente adversários políticos em situações comprometedoras, imortalizam a dor de uma mulher seminua estendida numa maca depois de um atentado...).

É verdade que existe também *o filme como arte*: mas sua importância é muito mais limitada que a do filme como técnica e sua história, certamente, é a mais curta de todas as histórias das artes. Ele me lembra um jantar em Paris há mais de vinte anos. Um rapaz, simpático e inteligente, fala de Fellini com um prazeroso desprezo zombador. Seu último filme, acha-o francamente lastimável. Olho para ele hipnotizado. Conhecendo a dádiva da imaginação, sinto pelos filmes de Fellini, antes de tudo, uma humilde admiração. É diante desse rapaz brilhante, na França do começo dos anos 1980, que sinto pela primeira vez uma sensação que eu jamais conheci na Tchecoslováquia, mesmo nos piores anos stalinistas: a sensação de me encontrar na época do pós-arte, num mundo em que a arte desaparece porque desaparecem a necessidade de arte, a sensibilidade, o amor por ela.

Desde então, constatei cada vez mais frequentemente que Fellini não era mais amado; mesmo sendo ele aquele que conseguiu fazer de sua obra toda uma grande época da história da arte moderna (como Stravinski, como Picasso); mesmo sendo ele aquele que realizou com uma fantasia incomparável a fusão do sonho com a realidade, esse velho programa-desejo dos surrealistas; mesmo sendo ele aquele que, na sua última fase (particularmente desconsiderada), soube dotar seu olhar sonhador de uma lucidez que desmascara cruelmente nosso mundo contemporâneo (lembremos de *Ensaio de orquestra*, *Cidade das mulheres*, *E la nave va*, *Ginger e Fred*, *Entrevista*, *A voz da lua*).

Foi nesse último período que Fellini enfrentou violentamente Berlusconi, opondo-se à prática de interromper os filmes, na televisão, com publicidade. Nesse confronto, enxerguei um sentido profundo: vi que o spot publicitário é também um gênero cinematográfico, tratava-se ali do confronto entre duas heranças dos irmãos Lumière: o confronto entre o filme como arte e o filme como agente de imbecilização. Conhecemos o resultado: o filme como arte perdeu.

O confronto conheceu seu epílogo em 1993, quando a televisão berlusconiana projetou nas telas o corpo de Fellini, nu, desamparado, em agonia (coincidência estranha: foi em *La dolce vita*, de 1960, que, durante uma cena inesquecível, o furor necrófilo das câmeras capturou e mostrou isso, profeticamente, pela primeira vez). A virada histórica chegava ao fim: na condição de herdeiros dos irmãos Lumière, os

144

órfãos de Fellini não significavam mais grande coisa. A Europa de Fellini era afastada por uma Europa completamente diferente. Cem anos de cinema? Sim. Mas essa não é minha festa.

O QUE RESTARÁ DE VOCÊ, BERTOLT?

Em 1999, uma revista semanal parisiense (uma das mais sérias) publicou um dossiê sobre "Os gênios do século". Eram dezoito os laureados: Coco Chanel, Maria Callas, Sigmund Freud, Marie Curie, Yves Saint Laurent, Le Corbusier, Alexander Fleming, Robert Oppenheimer, Rockefeller, Stanley Kubrick, Bill Gates, Pablo Picasso, Ford, Albert Einstein, Robert Noyce, Edward Teller, Thomas Edison, Morgan. Portanto: nenhum romancista, nenhum poeta, nenhum dramaturgo; nenhum filósofo; um só arquiteto; um só pintor, mas dois costureiros; nenhum compositor; uma cantora, um só cineasta (a Eisenstein, a Chaplin, a Bergman, a Fellini, os jornalistas franceses preferiram Kubrick). Esse prêmio não era uma bobagem realizada por ignorantes. Com uma grande lucidez, ele anunciava uma mudança real: a nova relação da Europa com a literatura, a filosofia, a arte.

As grandes personalidades da cultura foram esquecidas? Esquecimento não é a palavra exata. Lembro-me de que na mesma época, aproximando-se o fim do século, uma onda de monografias nos inundou: sobre Graham Green, sobre Ernest Hemingway, sobre T. S. Eliot, sobre Philip Larkin, sobre Bertolt Brecht, sobre Martin Heidegger, sobre Pablo Picasso, sobre Eugène Ionesco, sobre Cioran, e mais e mais...

Essas monografias transbordantes de fel (obrigado a Craig Raine, que tomou a defesa de Eliot, obrigado a Martin Amis, que tomou a de Larkin) tornavam claro o sentido do prêmio da revista: os gênios da cultura foram descartados sem nenhum escrúpulo; é com alívio que preferiram Coco Chanel e a inocência de suas roupas a esses corifeus culturais comprometidos com o mal do século, sua perversidade, seus crimes. A Europa entrava na *época dos procuradores*: a Europa não era mais amada; a Europa não se amava mais.

Isso quer dizer que todas essas monografias eram particularmente severas em relação às obras dos autores retratados? Ah não, nessa época a arte já tinha perdido seus atrativos, e os professores e especialistas não se ocupavam mais nem dos quadros nem dos livros, mas daqueles que os tinham feito; de suas vidas.

Na época dos procuradores, o que isso quer dizer, a vida?

Uma longa sequência de acontecimentos destinada a dissimular, sob sua superfície enganosa, o Erro.

Para encontrar o Erro sob seu disfarce, é preciso que o monógrafo tenha um talento de detetive e uma rede de espiões. E, para não perder sua grande estatura de sábio, é preciso que cite os nomes dos delatores no rodapé, pois é assim que, aos olhos da ciência, um boato se transforma em verdade.

Abro o grande livro de oitocentas páginas consagrado a Bertolt Brecht. O autor, professor de literatura comparada na Universidade de Maryland, depois de ter demonstrado em detalhes a baixeza da *alma* de Brecht (homossexualidade dissimulada, erotomania, exploração das amantes que eram as verdadeiras autoras de suas peças, simpatia por Hitler, simpatia por Stálin, antissemitismo, tendência à mentira, frieza de coração), chega finalmente (capítulo 45) a seu *corpo*, notadamente a seu mau cheiro, que descreve em todo um parágrafo; para confirmar a cientificidade dessa descoberta olfativa, ele indica, na nota 43 do capítulo, que obteve "essa descrição minuciosa daquela que era na época chefe do laboratório de fotografia no Berliner Ensemble, Vera Tenschert", que tinha falado com ele em "5 de junho de 1985" (quer dizer, trinta anos depois do enterro do fedorento).

Ah, Bertolt, o que restará de você?

Seu mau cheiro, guardado durante trinta anos por sua colaboradora fiel, retomado em seguida por um sábio que, depois de tê-lo intensificado com os métodos modernos dos laboratórios universitários, enviou-o para o futuro de nosso milênio.

O ESQUECIMENTO DE SCHÖNBERG

Um ou dois anos depois da guerra, adolescente, encontrei um jovem casal judeu uns cinco anos mais velho que eu; eles tinham passado a juventude em Terezín e, depois, num outro campo. Eu me senti intimidado diante do destino deles, que me aturdia. Meu constrangimento os irritava: "Para, para!", e, com insistência, me fizeram compreender que a vida naquele lugar guardava toda a sua variedade, com tantos choros quanto brincadeiras, com tanto horror quanto ternura. Era pelo amor à vida que eles evitavam ser transformados em lendas, em estátuas de infelicidade, em documento do livro negro do nazismo. Depois disso eu os perdi de vista completamente, mas não esqueci aquilo que eles tentavam me explicar.

Terezín, em tcheco, Theresienstadt, em alemão. Uma cidade transformada em gueto que os nazistas utilizaram como vitrine, onde deixavam viver os detentos de uma maneira relativamente civilizada para exibi-los aos idiotas da Cruz Vermelha Internacional. Lá eram reagrupados os judeus da Europa Central, notadamente de sua parte austro-tcheca; entre eles muitos intelectuais, compositores, escritores da grande geração que vivera sob a luz de Freud, de Mahler, de Janáček, da escola vienense de Schönberg, do estruturalismo de Praga.

Eles não tinham ilusões: viviam na antecâmara da morte; sua vida cultural era exibida pela propaganda nazista como um álibi; Será que eles deveriam, por causa disso, recusar essa liberdade precária e abusada? A resposta deles foi de uma clareza total. Suas criações, suas exposições, seus concertos, seus amores, todos os acontecimentos de suas vidas tinham uma importância incomparavelmente maior do que a comédia macabra de seus carcereiros. Esse foi o desafio deles. Hoje, a atividade intelectual e artística deles nos deixa surpresos; não penso apenas nas obras que conseguiram criar ali (penso nos compositores! Em Pavel Haas, aluno de Janáček, que tinha me ensinado, em criança, a composição musical! E em Hans Krasa! E em Gideon Klein! E em Ancerl, que depois da guerra transformou-se num dos maiores regentes da Europa!), mas talvez mais ainda na sede de cultura que, nessas condições terríveis, tomou conta de toda a comunidade de Terezín.

O que representava a arte para eles? A maneira de conservar plenamente ativa a escolha dos sentimentos e das reflexões a fim de que a vida não fosse reduzida apenas à dimensão do horror. E para os artistas presos ali? Eles viam seu destino pessoal confundir-se com o da arte moderna, a arte dita "degenerada", arte perseguida, ridicularizada, condenada à morte. Olho um anúncio de um concerto na Terezín da época; no programa: Mahler, Zemlinsky, Schönberg, Haba. Sob a guarda dos algozes, os condenados tocavam uma música condenada.

Penso nos últimos anos do século passado. A memória, o dever da memória, o trabalho da memória eram as palavras-emblema daquele tempo. Considerava-se como um ato de honra perseguir os crimes políticos passados, até suas sombras, até suas últimas marcas de sujeira. E, no entanto, essa memória toda particular, incriminadora, serva apressada do castigo, não tinha nada em comum com aquela que sustentava tão apaixonadamente os judeus de Terezín que não estavam nem aí para a imortalidade de seus torturadores e faziam tudo para guardar Mahler e Schönberg na memória. Um dia, debatendo este assunto, perguntei a um amigo: "E você conhece *Um sobrevivente de Varsóvia*? Um sobrevivente? Qual?". Ele não sabia do que eu estava falando. No entanto, *Um sobrevivente de Varsóvia* (*Ein Überlebender aus Warschau*), oratório de Arnold Schönberg, é o maior monumento que a música dedicou ao Holocausto. Toda a essência existencial do drama dos judeus do século XX está ali guardada viva. Com toda a sua horrível grandeza. Com toda a sua horrível beleza. Lutamos para não esquecer os assassinos. E nos esquecemos de Schönberg.

IX
A PELE: UM ARQUIRROMANCE

1. À PROCURA DE UMA FORMA

Há escritores, grandes escritores, que nos fascinam pela força de seu espírito, mas que parecem marcados por uma maldição: para tudo aquilo que tinham a dizer, não encontraram uma forma original que estivesse ligada à personalidade deles de uma maneira tão indissociável quanto suas ideias. Penso, por exemplo, nos grandes escritores franceses da geração de Malaparte; na minha juventude, adorei todos eles; Sartre, talvez, mais do que os outros. Coisa curiosa: foi justamente ele que, em seus ensaios (seus "manifestos") sobre literatura, me surpreendeu por sua desconfiança em relação à noção de romance; ele não gosta de falar "romance", "romancista"; esta palavra que seria o primeiro indício de uma forma, evita pronunciá-la; não fala senão da "prosa", do escritor de "prosa", eventualmente do "prosador". Ele explica: reconhece "uma autonomia estética" à poesia, mas não à prosa: "a prosa é por essência utilitária. [...] O escritor é um *falador*: ele designa, demonstra, ordena, recusa, interpela, suplica, insulta, persuade, insinua". Mas, nesse caso, que importância pode ter a forma? Ele responde: "Trata-se de saber sobre o que se quer escrever: sobre borboletas ou sobre as condições dos judeus. E, quando se sabe, resta decidir como se escreverá". E, realmente, todos os romances de Sartre, por importantes que sejam, são caracterizados pelo *ecletismo* da forma.

Quando ouço o nome de Tolstói, imagino imediatamente seus dois grandes romances com os quais nada se parece. Quando digo Sartre, Camus, Malraux, são suas biografias, suas polêmicas e lutas, seus posicionamentos que suas personalidades me evocam em primeiro lugar.

2. O PRÉ-MODELO DO ESCRITOR ENGAJADO

Uns vinte anos antes de Sartre, Malaparte já era um "escritor engajado". Ou melhor, seu pré-modelo; pois a famosa fórmula sartriana ainda não era utilizada, e Malaparte não tinha escrito nada. Com quinze anos ele é secretário da seção local da juventude do Partido Republicano (partido de esquerda); com dezesseis anos, começa a guerra de 1914, ele deixa sua casa, cruza a fronteira francesa e se alista numa legião de voluntários para combater os alemães.

Eu não quero atribuir às decisões dos adolescentes mais razão do que elas merecem; isso não impede que o comportamento de Malaparte tenha sido notável. E sincero, assumido, é preciso dizer, acima da comédia mediática que, hoje, acompanharia fatalmente todo gesto político. Quase no fim da guerra, durante um combate feroz, ele é gravemente ferido pelos lança-chamas alemães. Seus pulmões ficarão para sempre comprometidos e sua alma traumatizada.

Mas por que eu dizia que esse jovem estudante-soldado era um pré-modelo do *escritor* engajado? Mais tarde, ele conta uma lembrança: os jovens voluntários italianos rapidamente dividiram-se em dois grupos rivais: alguns favoráveis a Garibaldi, outros a Petrarca (que vivera na mesma região do sul da França onde eles foram reunidos antes de partir para o front). Ora, nessa disputa de adolescentes, Malaparte aderiu à causa de Petrarca contra os partidários de Garibaldi. Seu engajamento, desde o começo, não se parecia com o de um sindicalista, de um militante político, mas com o de um Shelley, de um Hugo ou de um Malraux.

Depois da guerra, jovem (muito jovem), ele entra no partido de Mussolini; sempre marcado pela lembrança dos massacres, ele vê no fascismo a promessa de uma revolução que limparia o mundo tal como havia conhecido e detestado. Ele é jornalista, a par de tudo que acontece na vida política; é mundano, sabe brilhar e seduzir, mas é sobretudo apaixonado pela arte e pela poesia. Ele prefere sempre Petrarca a Garibaldi, e as pessoas que ama acima de tudo são os artistas e os escritores.

E porque Petrarca representa para ele mais que Garibaldi, seu engajamento político é pessoal, extravagante, independente, indisciplinado, de modo que ele se vê logo em conflito com o poder (na mesma época, na Rússia, os intelectuais comunistas conheciam situação bem semelhante). Ele chega a ser preso "por atividades antifascistas", é expulso do partido, detido algum tempo na prisão, depois condenado a uma longa prisão domiciliar. Absolvido, volta a ser jornalista e então, convocado em 1940, envia do front russo artigos que serão logo julgados (com razão) antialemães e antifascistas, por isso passa novamente alguns meses preso.

3. A DESCOBERTA DE UMA FORMA

Durante sua vida, Malaparte escreveu muitos livros — ensaios, polêmicas, observações, lembranças — todos inteligentes, brilhantes, mas que certamente seriam esquecidos se não houvesse *Kaputt* e *A pele*. Com *Kaputt*, ele não só escreveu um livro importante, como encontrou uma forma que é uma total novidade e que só pertence a ele.

O que é esse livro? À primeira vista, uma reportagem de correspondente de guerra. Uma reportagem excepcional, ou mesmo sensacional, pois, como jornalista do *Corriere della Sera* e oficial do Exército italiano, ele percorreu a Europa ocupada pelos nazistas com a liberdade de um espião indetectável. O mundo político se abre para ele, brilhante frequentador dos salões: em *Kaputt*, ele reporta suas conversas com homens de Estado italianos (sobretudo com Ciano, o ministro de Relações Exteriores, genro de Mussolini), com políticos alemães (com Frank, governador-geral da Polônia, que organiza os massacres dos judeus, mas também com Himmler, que encontra nu numa sauna finlandesa), com ditadores dos países satélites (com Ante Pavelic, chefe da Croácia), acompanhando também suas relações mundanas de observações da vida real das pessoas comuns (na Alemanha, na Ucrânia, na Sérvia, na Croácia, na Polônia, na Romênia, na Finlândia).

Considerando o caráter único de seus testemunhos, é de se espantar que nenhum historiador da última guerra tenha se utilizado de suas experiências, ou citado as declarações dos políticos que ele deixa falarem longamente em seu livro. É estranho, sim, mas compreensível: porque essa reportagem é diferente de uma reportagem; é uma *obra literária* cuja *intenção estética* é tão forte, tão evidente, que um leitor sensível a exclui *espontaneamente* do contexto dos testemunhos revelados por historiadores, jornalistas, cientistas políticos, memorialistas.

Vê-se a intenção estética de maneira mais evidente na originalidade de sua forma. Tentemos descrever sua arquitetura: ela é *triplamente* dividida: em partes, em capítulos, em seções. São seis partes (cada uma tem um título); cada parte tem muitos capítulos (que também têm um título); e cada capítulo é dividido em seções (sem título e separadas umas das outras por uma simples linha branca).

Eis os títulos das seis partes: "Os cavalos", "Os ratos", "Os cachorros", "Os pássaros", "As renas", "As moscas".

158

Esses animais estão presentes como seres materiais (a inesquecível cena da primeira parte: uma centena de cavalos aprisionados no gelo de um lago de onde emergem somente suas cabeças mortas), mas também (e sobretudo) como metáforas (na segunda parte, *os ratos* simbolizam os judeus, tal como os alemães os tratavam; na sexta parte, as moscas se multiplicam definitivamente por causa do calor e dos cadáveres, mas simbolizam ao mesmo tempo a atmosfera da guerra que não quer terminar...).

O desenrolar dos acontecimentos não é organizado como uma sequência *cronológica* das experiências do repórter; intencionalmente *heterogêneos*, os acontecimentos de cada parte são situados em vários momentos históricos, em diferentes lugares; por exemplo, a primeira parte (Malaparte está em Estocolmo, na casa de um velho amigo) compreende três capítulos: no primeiro, os dois homens se recordam da vida passada em Paris; no segundo, Malaparte (sempre em Estocolmo com seu amigo) conta aquilo que viveu na Ucrânia ensanguentada pela guerra; no terceiro e último capítulo, ele fala de sua estadia na Finlândia (foi lá que ele viu o horrível espetáculo das cabeças de cavalo que emergiam de um lago gelado). Os acontecimentos de cada capítulo não se passam, portanto, nem na mesma data, nem no mesmo lugar; cada parte tem por unidade uma mesma atmosfera, um mesmo destino coletivo (por exemplo, a segunda parte, o destino dos judeus) e sobretudo um mesmo aspecto da existência humana (indicada pela metáfora animal do título).

4. O ESCRITOR DESENGAJADO

Kaputt, escrito em condições inacreditáveis (em grande parte na casa de um camponês na Ucrânia ocupada pela Wehrmacht), foi publicado em 1944, antes mesmo do fim da guerra, numa Itália há pouco libertada. *A pele*, escrito logo depois, durante os primeiros anos do pós-guerra, foi editado em 1949. Os dois livros se parecem: a forma que Malaparte descobrira em *Kaputt* encontra-se também na base de *A pele*; mas, quanto mais a semelhança dos dois livros é evidente, mais importante é sua diferença.

Na cena de *Kaputt* aparecem muitas vezes personagens históricos reais, o que produz um equívoco: de que maneira compreender essas passagens? Como a prestação de contas de um jornalista orgulhoso da exatidão e da honestidade de seu testemunho? Ou como a fantasia de um autor que quer trazer sua própria visão desses personagens históricos com toda a liberdade do poeta?

Em *A pele*, o equívoco desaparece: aqui, os personagens históricos não têm lugar. Estão presentes também as grandes reuniões mundanas nas quais aristocratas italianos de Nápoles encontram oficiais do Exército americano, mas se os nomes que eles usam nessa ocasião são reais ou imaginários, dessa vez isso não tem importância. O coronel americano Jack Hamilton, que acompanha Malaparte durante todo o livro, realmente existiu? Se existiu, será que se chamava Jack Hamilton? E teria dito aquilo que Malaparte contou que ele disse? Essas perguntas não têm nenhum, mas nenhum interesse. Pois deixamos inteiramente o território pertencente aos jornalistas ou aos memorialistas.

Outra grande mudança: aquele que escreveu *Kaputt* era um "escritor engajado", isto é, certo de saber onde se encontra o Mal e onde se encontra o Bem. Ele detestava os invasores alemães como os havia detestado quando tinha dezoito anos, com um lança-chamas nas mãos. Como poderia ficar indiferente depois de ter visto os pogroms? (Sobre os judeus: quem mais escreveu um testemunho tão impactante sobre a perseguição cotidiana a eles em todos os países ocupados? E quem fez isso em 1944, quando ainda não se falava muito sobre isso e não se sabia quase nada a respeito?)

Em *A pele*, a guerra não acabou, mas sua conclusão já está decidida. As bombas ainda caem, mas elas caem dessa vez sobre uma outra Europa. Ontem, perguntava-se quem era o carrasco e quem era a vítima. Agora, de uma vez por todas, o Bem e o Mal revelaram sua face; o mundo novo ainda é pouco conhecido; desconhecido; enigmático; aquele que conta com uma só certeza: ele está certo de não ter certeza de nada. Sua ignorância torna-se sabedoria. Em *Kaputt*, durante as conversas de salão com os fascistas ou com os colaboracionistas, Malaparte, com uma constante e fria ironia, disfarçava seus próprios pensamentos que, para o leitor, estavam bem mais claros. Em *A pele*, sua palavra não é nem fria nem clara. Ela é sempre irônica, mas essa ironia é desesperada, muitas vezes exaltada; ele exagera, se contradiz; com suas palavras ele faz mal a si mesmo e faz mal aos outros; é um homem sofredor que fala. Não um escritor engajado. Um poeta.

5. A COMPOSIÇÃO DE *A PELE*

Contrariamente à *tríplice* divisão de *Kaputt* (em partes, capítulos, seções), a divisão de *A pele* é apenas *dupla*: não há partes, apenas a sequência de doze capítulos, sendo que cada um tem um título e se compõe de várias seções, que não têm título e são separadas umas das outras por uma linha branca. A composição é, portanto, mais simples, a narração, mais rápida, e todo o livro, 25% mais curto que o precedente. Como se o corpo roliço de *Kaputt* tivesse passado por um regime.

E por um embelezamento. Essa beleza, tentarei ilustrar pelo capítulo 6 ("O vento negro"), especialmente fascinante, que é composto de cinco seções.

A primeira, soberbamente curta, consiste num único parágrafo de quatro frases e desenvolve uma só imagem onírica do "vento negro" que, "como um cego, que anda tateando", passa pelo mundo, mensageiro da infelicidade.

A segunda seção conta uma lembrança: na Ucrânia em guerra, dois anos antes do tempo presente do livro, Malaparte circula a cavalo numa estrada bordejada por uma fileira dupla de árvores onde judeus do vilarejo são crucificados e esperam a morte. Malaparte ouve suas vozes lhe pedindo que os mate para abreviar seu sofrimento.

A terceira seção conta também uma lembrança, que remonta ainda mais longe no passado, da ilha de Lipari, para onde Malaparte havia sido deportado antes da guerra: é a história do seu cachorro Febo. "Nunca amei uma mulher, um irmão, um amigo, como amei Febo." Durante os dois últimos anos de sua detenção, Febo está com ele, e o acompanha a Roma no dia de sua libertação.

A quarta seção continua a mesma história de Febo, que um dia desaparece, em Roma. Depois de árduas buscas, Malaparte descobre que, capturado por um moleque, ele foi vendido a um hospital para experiências médicas. Ele o encontra "deitado de costas, o ventre aberto, uma sonda enfiada no fígado". Nenhum gemido sai de sua boca, pois, antes de operá-los, os médicos cortavam as cordas vocais dos cachorros. Por simpatizar com Malaparte, o médico administra uma injeção mortal em Febo.

A quinta seção volta para o tempo presente do livro: Malaparte acompanha o Exército americano em sua marcha a Roma. Um soldado está gravemente ferido, o ventre aberto, os intestinos escorrendo sobre as pernas. O sargento insiste para que ele seja transportado para um hospital. Malaparte opõe-se violentamente: o hospital é longe, a viagem num jipe seria longa e fonte de sofrimentos para o soldado. É melhor deixá-lo ali sem que ele saiba que está morrendo. No fim, o soldado morre e o sargento dá um soco na cara de Malaparte: "É culpa sua que ele está morto, morto como um cachorro!". O médico que chega e constata a morte do soldado aperta a mão de Malaparte: "Eu agradeço, em nome da mãe dele".

Mesmo que cada uma das cinco seções esteja situada num tempo diferente, num lugar diferente, elas estão todas perfeitamente ligadas. A primeira desenvolve a metáfora de um *vento negro*, cuja atmosfera cobrirá todo o capítulo. Na segunda seção, o mesmo vento passa pela paisagem ucraniana. Na terceira, em Lipari, o vento continua presente, na forma de uma obsessão da morte que, invisível, "ronda sempre, taciturna e desconfiada, em torno dos homens". Pois a morte está em toda parte, nesse capítulo. A morte e a atitude do homem em relação a ela, atitude ao mesmo tempo covarde, hipócrita, ignorante, impotente, confusa, desarmada. Os judeus crucificados nas árvores gemem. Febo na mesa de dissecação está mudo porque lhe cortaram as cordas vocais. Malaparte está à beira da loucura, incapaz de matar os judeus e de abreviar seu sofrimento. Reúne a coragem para matar Febo. O tema da eutanásia reaparece na última seção. Malaparte recusa-se a prolongar as dores de um soldado mortalmente ferido e o sargento o pune com um soco.

Todo esse capítulo, tão heterogêneo, é maravilhosamente unido pela mesma atmosfera, pelos mesmos temas (a morte, o animal, a eutanásia), pela repetição das mesmas metáforas e das mesmas palavras (daí uma melodia que nos transporta com seu fôlego que não se esgota).

6. *A PELE* E A MODERNIDADE ROMANESCA

O autor do prefácio francês de um livro de ensaios de Malaparte qualifica *Kaputt* e *A pele* como "romances maiores desse *enfant terrible*". Romances? Realmente? Sim, estou de acordo — mesmo sabendo que a forma de *A pele* não se parece com aquilo que a maioria dos leitores consideram um romance. Um caso desses está longe de ser raro: existem muitos grandes romances que, no momento de sua criação, não se parecem com a ideia comumente aceita do romance. E então? Não seria um grande romance, grande justamente porque ele não repete o que já existia? Muitas vezes os grandes romancistas ficaram, eles próprios, surpresos com a forma insólita daquilo que tinham escrito e preferiam evitar discussões inúteis sobre o gênero de seu livro. No entanto, no caso de *A pele* a diferença é radical conforme o leitor o aborda: como uma reportagem que aumente seus conhecimentos da história, ou como uma obra literária que enriqueça com sua beleza e conhecimento do homem.

E ainda mais: é difícil captar o valor (a originalidade, a novidade, o charme) de uma obra de arte sem vê-la no contexto da história de sua arte. E acho significativo que tudo aquilo que na forma de *A pele* parece contradizer a própria ideia do romance responda ao mesmo tempo ao novo clima da estética romanesca, tal como se formou no século xx, em oposição às normas do romance do século precedente. Por exemplo: todos os grandes romancistas modernos tiveram uma ligação levemente distante em relação à história romanesca, à "story", deixando de considerá-la como a base insubstituível para garantir a unidade do romance.

Ora, eis o que chama a atenção na forma de *A pele*: a composição não se apoia em nenhuma "story", nenhum encadeamento causal das ações. O *tempo presente* do romance é determinado por sua linha de saída (em outubro de 1943, o Exército americano chega a Nápoles) e sua linha de chegada (no verão de 1944, Jimmy se despedirá de Malaparte antes de sua partida definitiva para a América). Entre essas duas linhas, o Exército dos Aliados avança de Nápoles até os Apeninos. Tudo o que se passa nesse espaço de tempo se caracteriza por uma extraordinária *heterogeneidade* (dos lugares, dos tempos, das situações, das lembranças, dos personagens); e eu sublinho: essa heterogeneidade, inédita na história do romance, não enfraquece em nada a unidade da composição; o mesmo fôlego passa por cada um dos doze capítulos, dos quais ele faz um só universo constituído da mesma atmosfera, dos mesmos temas, dos mesmos personagens, das mesmas imagens, das mesmas metáforas, dos mesmos refrãos.

O mesmo cenário: *Nápoles* — o lugar onde o romance começa, onde ele termina e cuja lembrança permanece sempre presente; *a lua* — ela está acima de todas as paisagens do livro: na Ucrânia, ela ilumina os judeus crucificados nas árvores; suspensa sobre os bairros dos mendigos, "semelhante a uma rosa, ela perfumava o céu como um jardim"; "estática e maravilhosamente distante", ela ilumina as montanhas de Tivoli; "enorme, enojada de sangue", ela olha um campo de batalha coberto de mortos. As palavras transformadas em refrãos: *a peste* — ela aparece em Nápoles no mesmo dia que o Exército americano, como se os libertadores a tivessem trazido como um "presente" para os libertados; mais tarde, ela se torna uma metáfora da delação maciça que se espalha como a pior das pandemias; ou então, bem no começo, *a bandeira* — sob a ordem de seu rei, os italianos a jogaram "heroicamente" na lama e depois a levantaram como sua nova bandeira, e depois a jogaram de novo e tornaram a levantá-la com um grande riso blasfematório; e, quase no fim do livro, como resposta a essa cena do começo, um corpo humano é esmagado por um tanque, achatado e hasteado "como uma bandeira"...

Eu poderia continuar citando ad infinitum as palavras, as metáforas, os temas que voltam como repetições, variações, respostas, e criam assim a unidade do romance, mas me detenho ainda sobre um outro charme dessa composição que intencionalmente se abstém da "story": Jack Hamilton morre e Malaparte sabe que dali em diante, no meio dos seus, em seu próprio país, ele se sentirá para sempre só. E no entanto a morte de Jack é sugerida (nada mais do que sugerida, nem mesmo sabemos como e onde ele morreu) por uma única frase num longo parágrafo que fala também de outra coisa. Em todo romance construído sobre uma "story", a morte de um personagem tão importante seria largamente descrita e consistiria provavelmente na conclusão do romance. Mas, curiosamente, justamente graças a essa brevidade, a essa modéstia pudica, graças à ausência de toda descrição, a morte de Jack torna-se insustentavelmente comovente...

7. A REVOGAÇÃO DA PSICOLOGIA

Quando uma sociedade, mais ou menos estável, avança num passo mais lento, o homem, para poder se distinguir de seus semelhantes (semelhantes que tão tristemente se parecem), atribui uma grande atenção a suas pequenas particularidades psicológicas, pois só elas podem lhe trazer o prazer de saborear a individualidade que ele pretende inimitável. Mas a guerra de 1914, esse massacre absurdo e gigantesco, inaugurou na Europa uma nova época, em que a história, autoritária e ávida, surgiu diante do homem e tomou conta dele. É *de fora* que, doravante, o homem será determinado em primeiro lugar. E ainda: esses choques vindos do exterior não serão menos surpreendentes, menos enigmáticos, menos difíceis de compreender, com todas as consequências sobre a maneira de reagir e de agir do homem, do que as feridas íntimas escondidas nas profundezas do inconsciente; e não menos fascinantes para um romancista. Só ele, aliás, poderá apreender como ninguém mais essa mudança que o século trouxe à existência humana. Não preciso dizer que para isso ele deverá torcer a forma romanesca usada até então.

Os personagens de *A pele* são perfeitamente reais, e no entanto nada individualizados por uma descrição de sua biografia. O que sabemos de Jack Hamilton, o melhor amigo de Malaparte? Ele ensinou numa universidade americana, conheceu intimamente a cultura europeia e se sente agora confuso diante de uma Europa que não pode reconhecer. É tudo. Nada de informações sobre sua família, sobre sua vida íntima. Nada daquilo que um romancista do século XIX considerava indispensável para tornar um personagem real e "vivo". Podemos dizer a mesma coisa de todos os personagens de *A pele* (incluindo Malaparte como personagem: nem uma só palavra sobre seu passado pessoal e privado).

A revogação da psicologia. Kafka a proclama no seu diário. De fato, o que ficamos sabendo sobre as raízes psicológicas de K., sobre sua infância, sobre seus pais, sobre seus

166

amores? Tão pouco quanto sabemos sobre o passado íntimo de Jack Hamilton.

8. A BELEZA QUE DELIRA

No século XIX era assim: tudo o que se passava num romance precisava parecer verossímil. No século XX, esse imperativo perdeu a força; desde Kafka até Carpentier ou García Márquez, os romancistas se tornaram cada vez mais sensíveis *à poesia da inverossimilhança*. Malaparte (que não era um apaixonado por Kafka e não conhecia nem Carpentier nem García Márquez) também sucumbiu à mesma sedução.

Ainda uma vez lembro da cena em que Malaparte, passando a cavalo sob uma dupla fileira de árvores no começo da noite, ouve umas palavras acima de sua cabeça e, à medida que a lua vai aparecendo, compreende que são judeus crucificados... É verdade? É fantasia? Fantasia ou não, é inesquecível. E penso em Alejo Carpentier, que, nos anos 1920, em Paris, dividiu com os surrealistas a paixão pela imaginação delirante, e participou de suas conquistas do "maravilhoso", mas vinte anos mais tarde, em Caracas, foi tomado de dúvidas: aquilo que outrora o tinha encantado lhe parecia agora uma "rotina poética", "truques de prestidigitadores"; ele se afasta do surrealismo parisiense não para voltar ao velho realismo, mas porque pensa ter encontrado um outro "maravilhoso", mais verdadeiro, enraizado na *realidade*, a realidade da América Latina, onde tudo tinha um ar de improbabilidade. Imagino que Malaparte tenha vivido alguma coisa parecida: ele também tinha amado os surrealistas (publicava suas traduções de Éluard e de Aragon na revista que havia fundado em 1937), o que não fez com que ele os seguisse, mas talvez o tenha tornado mais sensível à beleza sombria da realidade que havia enlouquecido, cheia de encontros estranhos entre "um guarda-chuva e uma máquina de costura".

É, aliás, por um encontro como esse que *A pele* começa: "A peste havia eclodido em Nápoles em 1º de outubro de 1943, o mesmo dia em que os exércitos aliados tinham entrado como libertadores nesta cidade infeliz". E próximo ao fim do livro, no nono capítulo, "A chuva de fogo", o tal encontro surrealista assume dimensões de um delírio generalizado. Nos dias da Semana Santa, os alemães bombardeiam Nápoles, uma moça é morta, exposta sobre uma mesa num castelo, e *ao mesmo tempo* o Vesúvio, com um terrível estrondo, começa a cuspir lava como nunca antes "desde o dia em que Herculanum e Pompeia foram soterradas vivas em seus túmulos de cinzas". A erupção vulcânica desencadeia a loucura dos homens e da natureza: nuvens de pequenos passarinhos se refugiam nos tabernáculos em torno das imagens de santos, mulheres forçam a porta do bordel para tirar pelos cabelos as putas nuas, a estrada fica coberta de mortos, seus rostos cobertos por uma concha de cinza branca, "como se tivessem um ovo no lugar de sua cabeça", e a natureza não para de punir...

Numa outra passagem do livro, o improvável é mais grotesco que horrível: o mar em torno de Nápoles está coalhado de minas que tornam a pesca impossível. Para fazer um banquete, os generais americanos devem ir buscar os peixes no grande aquário. Mas quando o general Cork quer homenagear a sra. Flat, uma senhora importante trazida da América, essa fonte já está esgotada; resta no aquário de Nápoles apenas um peixe: uma sereia, "um exemplar muito raro dessa espécie de 'sirenoides' que, por sua forma quase humana, foi a origem da antiga lenda das sereias". Quando ela é posta na mesa, há uma consternação. "Eu espero que vocês não me obriguem a comer esta... esta... esta pobre moça!", exclama horrorizada a sra. Flat. Encabulado, o general manda que tirem "esta coisa horrível" dali, mas isso não satisfaz o coronel Brown, o capelão do Exército: ele obriga os garçons a levarem o peixe num caixão de prata arranjado numa padiola e os acompanha para garantir um enterro cristão.

Na Ucrânia, em 1941, um judeu foi esmagado pelas esteiras de um tanque; ele se transformou "num tapete de pele humana"; alguns judeus começaram então a descolá-lo da poeira; depois um deles "o espetou com a ponta de sua enxada, do lado da cabeça, e saiu andando com essa bandeira". Essa cena é descrita no décimo capítulo (intitulado, aliás, "a bandeira") e seguida imediatamente de sua variação, situada em Roma, perto do Capitólio: um homem grita de alegria em frente aos tanques americanos; ele escorrega, cai; o tanque passa sobre ele; ele é estendido numa cama; resta dele apenas "uma pele cortada em forma de homem"; "a única bandeira digna de tremular na torre do Capitólio".

9. UMA NOVA EUROPA *IN STATU NASCENDI*

A nova Europa, tal como saiu da Segunda Guerra Mundial, *A pele* a captou em toda a sua autenticidade; quer dizer, com um olhar que, não tendo sido corrigido por considerações posteriores, a revela deslumbrante pela novidade do instante de seu nascimento. A ideia de Nietzsche me vem ao espírito: é no instante de sua gênese que a essência de um fenômeno se revela.

A nova Europa nasceu de uma imensa derrota sem equivalência em sua história; pela primeira vez a Europa foi vencida, a Europa como tal, toda a Europa. Vencida primeiramente pela loucura de seu próprio Mal encarnado na Alemanha nazista, libertada depois pela América de um lado, pela Rússia do outro. Libertada e ocupada. Digo isso sem ironia. Essas palavras, ambas são exatas. Na junção das duas reside o caráter único da situação. A existência das resistências (dos guerrilheiros) que lutaram em toda parte contra os alemães não mudou nada do essencial: nenhum país da Europa (a Europa desde o Atlântico até os Países Bálticos) foi libertado por suas próprias forças. (Nenhum? Ora. A Iugoslávia. Por seu próprio exército de guerrilheiros. Por isso foi preciso bombardear 1999 cidades sérvias durante longas semanas: para impor, a posteriori, mesmo nessa parte da Europa, o status de vencida).

Os libertadores ocuparam a Europa e imediatamente a mudança ficou clara: a Europa que ontem ainda (tão naturalmente, tão inocentemente) considerava sua própria história, sua cultura, como um modelo para o mundo inteiro, percebeu sua pequenez. A América estava lá, brilhante, onipresente; repensar e remodelar seu entendimento com ela tornou-se para a Europa sua primeira necessidade. Malaparte a viu e descreveu sem ter a pretensão de predizer o futuro político da Europa. Aquilo que o fascinou foi a nova *maneira de ser* europeu, a nova *maneira de se sentir* europeu, que doravante seria determinada pela presença cada vez mais intensa da América. Em *A pele*, essa nova maneira de ser surgiu da galeria de retratos, curtos, sucintos, muitas vezes engraçados, dos americanos então presentes na Itália.

Não há preconceito, nem positivo nem negativo, nesses esboços, muitas vezes maldosos, muitas vezes cheios de simpatia: a idiotice arrogante da sra. Flat, a tolice gentil do capelão Brown; a simplicidade amável do general Cork que, para abrir um grande baile de gala, em vez de escolher uma das grandes damas de Nápoles, se volta para uma bela moça do vestiário; a vulgaridade amigável e atraente de Jimmy; e, claro, Jack Hamilton, um verdadeiro amigo, um amigo amado...

Porque aos Estados Unidos até então não tinham perdido nenhuma guerra e porque eram um país de fé, seu cidadão via nessas vitórias a vontade divina que confirmava suas próprias certezas políticas e morais. Um europeu, fatigado e cético, vencido e culpabilizado, deixava-se facilmente deslumbrar pela brancura dos dentes, por essa virtuosa brancura "que todo americano, quando desce sorridente para a tumba, lança, como uma saudação final, ao mundo dos vivos".

10. A MEMÓRIA TRANSFORMADA EM CAMPO DE BATALHA

Sobre a grande escada de uma igreja de Florença há pouco libertada, um grupo de guerrilheiros comunistas está executando naquele momento, um após outro, jovens (muito jovens mesmo) fascistas. Uma cena que anuncia uma virada radical na história do ser europeu: uma vez que o vencedor tivesse desenhado as fronteiras definitivas e intocáveis dos Estados, as matanças entre as nações europeias não aconteceriam mais; "agora a guerra morria e começava o massacre entre italianos"; os ódios se retiram para o interior das nações; mas mesmo lá o combate muda de essência: o objetivo da luta não é mais o futuro, o próximo sistema político (o vencedor já decidiu como seria o futuro), mas o passado; é apenas sobre o *campo da memória* que terá lugar o novo combate europeu.

Quando em *A pele* o Exército americano já ocupa o norte da Itália, os guerrilheiros matam com toda segurança um compatriota delator. Eles o enterram em um campo e, à guisa de cruz, deixam seu pé, ainda calçado com um sapato, emergir de debaixo da terra. Malaparte, que vê isso, protesta, mas em vão; os outros ficam encantados com o ridículo que sobrará do colaboracionista como alerta para o futuro. E nós sabemos disso hoje: quanto mais a Europa se distanciava do fim da guerra, mais ela proclamava como um dever moral tornar os crimes passados inesquecíveis. E como o tempo passava, os tribunais puniam pessoas cada vez mais velhas, os regimentos denunciadores invadiam os brejos do esquecimento e o campo de batalha crescia nos cemitérios.

Em *A pele*, Malaparte descreve Hamburgo, onde os aviões americanos haviam jogado as bombas de fósforo. Querendo apagar o fogo que os devorava, os habitantes se atiravam nos canais que atravessam a cidade. Mas o fogo, apagado na água, se reanimava imediatamente no ar, de modo que as pessoas se viam obrigadas a mergulhar e tornar a mergulhar sem parar suas cabeças; essa situação durou dias, durante os quais "milhões de cabeças emergiam da água, reviravam os olhos, abriam a boca, falavam".

Ainda uma cena em que a realidade da guerra suplantava a verossimilhança. Eu me pergunto: por que os gestores da memória não fizeram desse horror (dessa poesia negra do horror) uma lembrança sagrada? A guerra da memória castiga apenas os vencidos. O vencedor está longe e inacusável.

11. COMO PANO DE FUNDO, A ETERNIDADE:
OS ANIMAIS, O TEMPO, OS MORTOS

"Jamais amei uma mulher, um irmão, um amigo, como amei Febo." No meio de tantos sofrimentos humanos, a história desse cachorro está longe de ser um simples episódio, um entreato no meio de um drama. A entrada do Exército americano em Nápoles não passa de um segundo na história, enquanto os animais acompanham a vida humana desde os tempos imemoriais. Confrontado a seu próximo, o homem jamais é livre de ser quem é; a força de um limita a liberdade do outro. Diante de um animal, o homem é quem é. Sua crueldade é livre. A relação entre o homem e o animal constitui um pano de fundo eterno da existência humana, um espelho (um espelho horrível) que não o deixará.

O tempo de ação em *A pele* é curto, mas a história infinitamente longa do homem está ali, sempre presente. Pois é pela cidade *antiga* de Nápoles que o Exército americano, o mais *moderno* de todos, entra na Europa. A crueldade de uma guerra supermoderna se passa diante do pano de fundo das crueldades mais arcaicas. O mundo que mudou tão radicalmente deixa ver ao mesmo tempo o que sobra tristemente imutável, imutavelmente humano.

E os mortos. Nos anos de paz, eles intervêm de forma modesta em nossas vidas tranquilas. Na época a que se refere *A pele* eles não são modestos; eles foram mobilizados;

eles estão em toda parte; as pompas fúnebres não têm veículos para levá-los, os mortos permanecem nos apartamentos, nas camas, eles se decompõem, cheiram mal, eles são um fardo; eles invadem as conversas, a memória, o sono: "Esses mortos, eu os odiava. Eles eram os *estrangeiros*, os únicos, os verdadeiros estrangeiros na pátria comum de todos os homens vivos...".

O momento da guerra terminando ilumina uma verdade tão banal quanto fundamental, tão eterna quanto esquecida: diante dos vivos, os mortos têm uma esmagadora superioridade numérica, não apenas os mortos do fim da guerra, mas todos os mortos de todos os tempos, os mortos do passado, os mortos do futuro; certos de sua superioridade, eles caçoam de nós, eles caçoam dessa pequena ilha de tempo onde nós vivemos, desse minúsculo tempo da nova Europa da qual nos fazem compreender toda a insignificância, toda a fugacidade...

ESTA OBRA FOI COMPOSTA PELO GRUPO DE CRIAÇÃO EM SABON E
IMPRESSA PELA RR DONNELLEY EM OFSETE SOBRE PAPEL PÓLEN BOLD
DA SUZANO PAPEL E CELULOSE PARA A EDITORA SCHWARCZ
EM FEVEREIRO DE 2013

A marca FSC® é a garantia de que a madeira utilizada na fabricação do papel deste livro provém de florestas que foram gerenciadas de maneira ambientalmente correta, socialmente justa e economicamente viável, além de outras fontes de origem controlada.